わが人生に刻む30の言葉

牛尾治朗
ushio jiro

致知出版社

わが人生に刻む30の言葉

わが人生に刻む30の言葉※目次

第一章　人をつくる

第三章 事をなす

第四章 人生をつくる

装幀――川上成夫

第一章 人をつくる

1　人間のあり方の基本

「to do good を考える前に to be good を目指しなさい」

大変恵まれた場にいるのに、当人はそのことにさっぱり気づかない。人生にはそういうことがよくあるものです。

安岡正篤先生との交わりを考えると、私がまさにそうでした。

安岡先生とのご縁は三代にわたります。

安岡先生は河内のご出身です。少しややこしくなりますが、私の父の姉の夫、つまり私には義理の伯父にあたる人が内務官僚で、これがやはり河内の出。そんなつながりでしょう、この伯父が「ずば抜けた秀才がいる」と私の祖父に安岡先生を紹介したのがそもそもの始まりです。祖父は事業を起こして成功、立身出世を遂げた人で、姫路に住んでおりました。

戦前、姫路には陸軍の第十師団が置かれていて、そこに安岡先生を大変尊敬している二十人ほどの青年将校グループがおり、三か月に一度、安岡先生をお招きして勉強会を開いていました。その折、安岡先生を祖父の家に泊めてほしいというのが紹介の中身だったようです。

祖父はそれから七、八年ほどして亡くなりました。安岡先生との交わりは父に引き継がれることになります。

この父は東京商科大学、いまの一橋大学を出て、一時私立大学の講師をしていましたが、神戸に戻って祖父の事業を受け継いだのでした。

当時三十代で、安岡先生とはほぼ同年齢。安岡先生を尊敬し、安岡先生を中心にした学びの場、師友会の神戸の責任者をしておりました。

安岡先生が関西にいらっしゃるときは、神戸の私の家が定宿になっていました。だから、私は子どものころから安岡先生を存じあげていたわけです。

そのころ安岡先生に抱いていた印象を率直に言えば、古色蒼然《そうぜん》の一語に尽きます。

旧制中学に入ると、配属将校によって軍事教練が行われるのですが、この配属将校が粗野な感じで体罰などは当たり前、非常に厳しく凄まじいものでした。いい感じが持てるわけはありません。

大変失礼な話ですが、私は何となく安岡先生とこの配属将校を重ね合わせていたようなふしがあります。

終戦は旧制中学三年のときです。神戸の私の家が進駐軍に接収されることになり、米軍の将校がジープで下見に来ました。父に言われて、私が応対に出ました。

これが何とも格好いいのです。パリッとアイロンのかかった軍服。リグレーのチューインガムとメンネンのシェービングクリームの爽やかな香り。清潔感溢れたスマートな姿は、あの配属将校とは雲泥の差です。

態度も礼儀正しく紳士的でした。靴のままズカズカ上がってくるのかと思ったら、「日本では靴を脱ぐのでしょう」と聞き、そうだと答えると、その通りにします。帰り際には十五歳の私と握手をしてから、ジープに乗り込みました。

戦時中に教えられたのは「鬼畜米英」です。ところが事実は、ジェントルマンそのもの。それに、写真誌『ＬＩＦＥ』などによって自動車や住宅、ミートローフやハンバーガーなどアメリカの輝かしい日常生活が紹介され、アメリカ大衆民主主義の凄さが強く印象づけられています。あの粗野で暴力的だった配属将校を思い浮かべ、「これでは日本が勝てるわけがない」と思ったものです。

そして、古色蒼然としか私には思えない東洋の話をされる安岡先生をその延長線上でとらえ、何となく鬱陶しく感じていたのでした。

考えてみると理屈にも何にもならないのですが。

こんなふうだから、安岡先生をずうっと敬遠していました。というより、反発していたというのが本当のところです。

安岡先生がいらっしゃるとなると、理由をつくって外出し、なるべく顔を合わせないようにしていたほどです。

旧制の三高に入り、実存主義などに関心が向くようになると、なおさらその傾向は強まりました。

こんなことがありました。

安岡先生がわが家にお泊まりになった夜です。安岡先生は就寝前に読書されるのが習慣ですが、そのときは本を持ってくるのを忘れられたのでしょう。何か適当な本を貸してくれ、という申し出です。

父は私に、本をみつくろって安岡先生の寝室にお持ちするように、と言いつけました。父にすれば、私が安岡先生を敬遠しているのは知っています。何とか接触する機会をつくり、安岡先生のお話に少しでも耳を傾けるようになれば、という配慮だったのでしょう。

私は愛読していたカミュの短編集『シーシュポスの神話』と亀井勝一郎の『人生論・幸福論』、それに父が好きな吉川英治の『宮本武蔵』の三冊を持っていきました。

「どうしてこの本を選んだのですか」

安岡先生は興味深そうに私を見ました。

ところが私ときたら、

「いや、適当に持ってきたんですよ」

と素っ気なく言って、サッと出てきてしまう始末です。

親の心子知らず、とはこのことです。


大学四年になり、就職ということになります。私はほとんど東京銀行（現・東京三菱銀行）に行くと決めていました。

六月でした。

最終的に就職を決める前に安岡先生のお話をうかがうように、と父に言われました。素直に従ったのは、やはり社会に出るという緊張感があったからでしょうか。

安岡先生をお訪ねし、銀行業務をひと通り呑み込んだらアメリカに留学したい、国際的に物事をとらえる視野を身につけたい、などと私はこれからの抱負をひとしきり述べました。

じっと耳を傾けていた安岡先生が、「治朗さん」と改めるように私を見つめてきました。深い目の色でした。

「to do good を考える前に to be good を目指しなさい」

そして、追いかけるようにつぶやかれました。

「to do good の前に to be good ですよ」

その一言は衝撃でした。胸の底にズシンと垂直に落ちてきました。それまでの自分がどういう人間だったたか。この一言が余すところなく照射したのです。

あれをしたい、これをしたい。ああなりたい、こうなりたい。それまでの私は to do good ばかりを考えている人間でした。

しかし、業務に取り組むにしろ、事業を営むにしろ、国を治めるにしろ、何をやるにしろ、その基盤となるのは自分の人間としてのあり方です。

より良くあろうとする。自分を修める。to be good。そこがしっかりしていなければ何もできないし、何者にもなり得ない。そのことが痛いように身に沁みてきたのでした。

そのときから、私の目に安岡先生がそれまでとはまったく違って映るようになりました。

以来今日まで、「to do good の前に to be good」とことあるごとにつぶやき返し、自分を戒めてきました。

私はどうも浮薄なところのある人間です。それが今日まで、何とか格好のつく生き方ができたのは、自分の人間としてのあり方の基本のところに、安岡先生からいただいた言葉を据えることができたおかげだと思っています。

2　品性について

「安酒は飲むな、いい酒を飲め」

東京銀行に就職して、営業部勤務のあと神戸支店に配属になりました。支店長は木村喜八郎さん。テレビのキャスターをしている木村太郎さんのお父さんです。

木村喜八郎さんにはいろいろと教えていただきました。社会人としての基礎はこの人から叩き込まれたと言っていいでしょう。

二日と置かずによく飲みに連れていかれました。飲むのは高価でいい酒ばかりでした。私が生まれて初めてレミー・マルタンを口にしたのも、木村さんに連れていかれた酒場ででした。

木村さんはよく言ったものです。

「安酒は飲むな、いい酒を飲め」

最初私は、安酒、いい酒の基準を値段で考えていました。しかし、そうでないことはほどなくわかりました。

場末の酒場や屋台などで、サラリーマンが仕事の不満を漏らし、上司を批判し、会社を罵倒してオダをあげる。パターン化したとさえ言える絵柄です。

だが、パターン化するほどにこういう場面が取り上げられるのは、そういう事実がたくさんあるということでしょう。

会社の経営がなっていないと罵る。上司を容赦なく批判する。確かにその瞬間はしがらみから解き放たれ、天下を取ったような気持ちになって、気分がスカッとすることでしょう。

しかし、そこから何が生まれるでしょうか。何も生まれません。

酔いが醒めれば、こき下ろした会社や上司への嫌悪感が倍加して胸の底に澱《おり》のように積もるだけです。酒に酔って鬱憤晴らしをした自分、あるいは酒に酔ってしか鬱憤晴らしができない自分の品性の卑しさが募るばかりです。

酒で発散すると言います。しかし、あれは嘘だと私は思います。

飲んで酔っている間は発散しているような気分になるかもしれませんが、醒めれば何かが残るのは、誰もが感じるはずです。

酒は蓄積するというのが本当だと私は思っています。

とすれば、どういう酒の飲み方をするかが大事になります。

そうなのです。安酒、いい酒の基準は、酒の飲み方なのです。

知的好奇心をそそらずにはおかない豊かな話題。そこに込められたエスプリ。飛び交うユーモア。

あるいは、一人静かにそのときの気分やあたりの雰囲気をじっくりと味わう。

そういう酒の飲み方をすると、知らず知らずのうちに品性が養われます。

それが、いい酒なのです。

品性とは難しいもので、生まれ、育ち、経験、知識や認識、教養や修養、そういったものが渾然《こんぜん》一体となって備わり、滲《し》みだし、醸《かも》しだされるものなのでしょう。

しかし、これだけは確かです。いい酒の飲み方をする人で、品性卑しい人はいません。

その人の品性は酒の飲み方で定まる、と言っていいのではないでしょうか。


安価な酒を飲むときは、盃を交わす相手も場所も、従って話題も、どうしてもイージーに流れがちです。高価な酒は、共に飲む相手も場所も話題も選ぶ傾向があります。

その意味で、安酒、いい酒は、ある程度値段に比例すると言えるようです。

いい酒を飲む。心がけたいことです。

3　分かるということ
「そう簡単に分かってしまっては困る」

佐藤栄作首相の秘書官をしていた楠田実さん、評論家の伊藤肇さんと共に、「而学会《じがく》」という安岡正篤先生を囲む勉強会を立ち上げたことがあります。

昭和四十七年のことです。

メンバーは堤清二さん、外務省の岡崎久彦さん、大蔵事務次官の西垣昭さん、評論家の江藤淳さん、ＮＨＫ解説委員の山室英男さん、京都大学教授の高坂正尭さんなどで、安岡先生の勉強会としてはもっとも若い世代のものでした。

共に立ち上げたとは言っても、私が言い出しっぺではありません。

安岡先生というと、若い世代ならなおさら、どうしてもみんな緊張してしまって、一座がシンとなりがちです。その点、私は小さいころから安岡先生を存じあげていることもあるし、それに持ち前のやんちゃな気質がいつまでも抜けないものだから、安岡先生に向かって恐れげもなく質問したり、発言したりします。それがトンチンカンだったりするものだから、時には笑いを誘う種にもなります。

伊藤肇さんがそれを知っていて、あいつがいれば賑やかになる、と私を誘い込んだのでした。

「而学会」は伊藤さんの思惑どおりに進んだと言えましょう。

会では主に『宋名臣言行録』や『論語』を読んだのですが、安岡先生の講義が終わると質疑応答になります。

私はちょっとでも分からなかったり、引っかかったり、自分の考えと違ったところがあると、黙っていられません。どんどん発言しました。

ついでと言っては何ですが、言っておきたいと思います。

安岡先生の教育者として優れた点の一つは、柔軟性にあると思うのです。

具体的には、相手のレベルはもちろん、考え方や好みに合わせて話をすることができるということです。

私が反発していたころのことをご存知の安岡先生は、私をアメリカかぶれ、ヨーロッパかぶれと思っています。だから、私に向かって話すときは、『宋名臣言行録』や『論語』の話でも、ヤスパースやニーチェを持ち出して解説するのです。

その博覧強記ぶりは驚くべきものがありました。

だから、そのころ私にはまだあまり馴染みのなかった中国の古典も、どうにか理解することができたのです。

私の質問や反論に対して、安岡先生は一つひとつ噛んで含めるように丁寧に話されます。それだけに身に沁みるように分かりました。

そこで私は答えます。

「分かりました」

すると安岡先生は、「治朗さん」と厳しい口調で言われました。

「そう簡単に分かってしまっては困る」

のちに、『論語』でこういう言葉を学びました。

「学びて思わざれば則ち罔《くら》し」

物事というのはただ学ぶだけではなく、それを深く思い、自分自身に照らして考えなければ、真に自分のものにすることはできない、ということです。

知識は単に知識で終わってしまっては、何にもならない。それを見識に、さらには胆識に高めていかなければならない。いや、「分かった」というのは分かったつもりになっているだけで、知識になっていない場合さえ多い。

そのことを安岡先生はたしなめられたのでした。

「そう簡単に分かってしまっては困る」。私の密かな戒めです。

4　爽やかに淡々と生きる

「将ラズ、迎エズ、応ジテ而シテ蔵メズ」

創業期のウシオ電機の経営は、厳しいスタートでしたが、高度成長という時代の流れが幸いして、新しい商品に対する需要は極めて強いものがありました。資金の工面さえできれば、何とか企業を拡大することができるという自信だけはありました。

父の友人であった大阪大学理学部の浅田常三郎教授の発案でウシオ電機が実用化したクセノンランプが、映画館の映写光源システムとして、カーボンアークランプに代わり使用される道を開くことに成功しました。

神戸銀行（祖父の経営した姫路銀行から合併）銀座支店の佐藤支店長を訪ね、リコーの市村清社長に引き合わせてもらいました。

「私は、この方のおじいさんとお父さんのお世話になって今日がありまず。三代目のこの方に自分の恩を返したいと思って、今日、市村さんにお引き合わせに来ました」と佐藤支店長。「それはいい話ですね。できるだけのことはしましょう」と市村さんは言ってくれました。当時は複写機がオフィスオートメーションの先駆けとして登場したころで、当社は複写機用の光源の取引をいち早く始めることができたのです。その後、GEとヨウ素ランプの技術提携に成功し、さらに品質の高いハロゲンランプの自社開発に成功して、日本の複写機の潮流が決まりました。

それから二、三年してウシオ電機に最大の経営危機が訪れました。一番の取引先であるリコーに、流通在庫が山積して「リコー危うし」との風聞が立つ。役員会を開くと、リコーとの取引を打ち切った企業が続出しているという報告が出る。さらに運悪く、映画館向けの総代理店も経営が悪化。生産を縮小して納入を抑え、赤字決算を覚悟し、危機を最小限に食い止めるか、納入を続けて運命を共にするか、役員会では、年若い社長の私に最後の判断を仰ぐことが続く。

幾日も考え抜いた末、初商売をくれた市村さんの恩にかけてみよう、初めて自分が開発をした映画館の仕事は代理店を肩代わりしてでも自分でやり抜こうという決断をすることになりました。

決めたからにはもうくよくよしない、先のことを取り越し苦労もしない、経営課題をさらに拡大しながら的確に前進を続ける、最善を尽くそうと思いました。

結果は、幸いをもたらしました。リコーは危機を乗り越えて、飛躍的に拡大し、ウシオ電機はリコーの納入拡大によって業績を伸ばしました。

月三十本代から始まったこの仕事は、現在、世界相手に年間二百万本を超える生産になっています。映画館の仕事も直接携わることによって、世界の映画館のクセノンランプ化に成功し、映写機の製造メーカーになりました。昨年は、フィルムを使わないデジタルプロジェクターの先進メーカーとしてカナダで製造し、世界中で売っています。

「将《おく》ラズ、迎《むか》エズ、応《おう》ジテ而《しか》シテ蔵《おさ》メズ」

この『荘子』に出てくる言葉を安岡先生から聞かされた時、この時のことを思い出しました。過ぎ去ったことはくよくよと悔やんだりしない。先のことをあれこれ考えて取り越し苦労をしない。事が来ればそれに応じて適切な措置で最善を尽くして決断する。その結果を淡々と受け止め、心に留めない。

危機に直面し、複写機と映画館の仕事の処理をした三十歳そこそこの経営者の生き方にすっきりと整理できました。


てきぱきと与えられた課題を処理する。担当部門を明らかにして任せる。報告はきちんと受ける。多くの問題については充分調査を行う。決断をする時が来るまでは中途半端な議論はしない。処理したあとはきちんとフォローアップする。

この言葉は経営者になってから四十年近くになりますが、自分の日常のリーダーとしてのあり方の大きな軸になっています。

「人事を尽くして天命を待つ」と言うが、天命を信じて人事を尽くす、あとはただ祈る、そんな経験でした。

5　謙虚であること
「傲慢と自信の違いを知ること」

リーダーは最終的に孤独です。

どんなに良き参謀を得ても、すぐれたブレーンに恵まれても、最後の判断と決断は自分一人でしなければなりません。それがリーダーです。

その結果が自分一人に留まるなら、さほどのことはありません。自分一人で対処すればいいだけのことです。

だが、リーダーの判断はそうはいきません。

企業なら、お客様がいます。株主がいます。従業員がいます。その背後には家族がいます。それら一人ひとりの生活にリーダーの判断の影響は及んでいくのです。

国家なら、国民一人ひとりの命運はもちろん、過去に積み重ねてきた歴史やこれから向かっていこうとする未来にも、リーダーの判断の影響は及びます。

その判断と決断が最終的にはリーダー一人にかかってくる。これは絶叫したくなるほどの重圧です。しかし、リーダーたる者、そこから逃げだすことはできません。深い孤独にとらわれるのは当然と言えましょう。

重圧をはねのけ、孤独に耐える。それがリーダーというものである、とも言えそうです。

それだけに反面、リーダーには容易に落ち込みやすい落とし穴が待っています。

リーダーの仕事は判断し決断することの連続であるとも言えるのですが、企業なり国家なりの命運に響くような大きな事案が日々連続するわけではありません。大概は影響の範囲が限定された小さな事案です。それだけに判断も立てやすいし、決断もつきやすい。そしてそれは、リーダーの自信の根拠にもなって、より大きな事案に向かっていく土台にもなります。

リーダーにとって自信は大切です。というよりも、自信はリーダーの必須条件と言えましょう。

自信なきリーダーに率いられる集団はたまったものではありません。これこそ悲劇というものです。

だが同時に、リーダーの自信というのはなかなかの曲者でもあります。リーダーは集団のオールマイティーであるだけに、ともすれば傲慢にすり替わりがちなのです。リーダーを待ち受けている落とし穴とはこのことです。しかも、当人がそれと意識しないうちにすり替わっているのが恐ろしいところです。

「傲慢と自信の違いを知ること」

リーダーの心得を説く米GE社前会長ジャック・ウェルチの言葉は、噛みしめるべきものがあります。

さらに、ジャック・ウェルチはこのように言葉を続けます。

「傲慢な人は他人の言葉に耳を傾けない。自信のある人は異論、異見を歓迎し、素直に耳を傾けるだけの勇気を持っている」

異論、異見を歓迎し、素直に耳を傾けるだけの「勇気」。この「勇気」

という言葉が特に私の胸に響きます。

この勇気はどこからくるのか。

それは謙虚であるからでしょう。

真に自信があれば、虚勢を張る必要もないし、異論異見を恐れることもないし、すべてを謙虚に受け止めて咀嚼《そしゃく》し、自分の力にしていく勇気が持てるのでしょう。


自信と勇気と謙虚さ。これは真のリーダーにとっては同義語なのだと思います。逆に言えば、この三つが同じものになったとき、人は真のリーダーシップを身につけることができるのだと思います。

6　素地を培う

「俗望を捨て、雅望に生きよ」

昭和四十四年、私は弱冠三十七歳でした。日本青年会議所の会頭に就任することになったのです。

全国で三万人を超える組織の頂点に立つ。こんな素晴らしいチャンスはありません。同時に、大変なプレッシャーでもありました。

それまでとはまったく次元が異なる場に私は立つわけです。

私は少し苛立っていました。やはり、大きな組織の頂点に立って、日本青年会議所の活動を活性化し、意義あるものにしたい、会頭としてそれなりの功績を積みたいと、いささか性急になっていたのかもしれません。

まさにいつの間にか、to be good の前に to do good になっていたのです。

to do good にとらわれてしまうと、青年会議所は人材にも乏しいように思われます。

これでは自分が考えるような活動にはならない。その焦りが私を苛立たせたようです。

さすがに、これではいけない、と思いました。そんなときに思い浮かぶのは安岡正篤先生のお顔です。どうしたらいいのか。早速、相談にうかがいました。

「俗望を捨て、雅望に生きよ」

これが安岡先生からいただいた言葉でした。

俗望と雅望。鞭で叩かれたようにズシンと心の奥に響いてくるものがありました。

俗望とは物欲、権力欲、名誉欲など、小我にとらわれた我欲のことです。

人間はともすれば無意識のうちに小我に陥りがちです。私の場合で言えば、青年会議所の活性化に寄与したいという望みはいいのですが、そこには会頭として業績を上げたいといった我の意識が知らず知らずのうちに入っています。それが小我にとらわれることなのです。

そうなると、これをやりたい、あれをやりたいという気持ちがはやって、それにぴったりはまる適任者がいないと、すぐに人材がいないという性急な結論になってしまうのです。

雅望とは、理想とか理念とかいった崇高な志を抱いて、大我に立つことです。

しかし、雅望というのはそれだけではありません。のどかとも言える伸びやかで広々とした気分で理想を追い、理念を実践することです。

安岡先生の言葉に感じるものがあった私は、努めてのどかな気分を保つようにしました。

すると、どうでしょう。

青年会議所に人材がいないどころではありません。会頭としてよく地方に出かけましたが、行く先々でこれはと思う人物に出会うのです。地方にあって目立たないが、それなりの場所に引き出し、また機会に恵まれれば、力を発揮し、相当の実績を上げるだろうと思える人が、いっぱいいるのです。

小我に陥ると、目先のことにとらわれて、そういうものが見えなくなってしまうのでしょう。大我に立って、人材というのは初めて見えてくるものなのだ、と思います。


青年会議所の会頭として私は、立派なものを内に秘めている、これはと思う人材に出会うと、その人を中央に引っ張り出したり、活躍の機会を与えるように心を傾けました。そこには我の欲望はほとんどありませんでした。

すると、いつの間にか活動が活気を帯び、私の願いである青年会議所の活性化が実現しているのです。これが安岡先生のおっしゃった雅望というものか、と実感したことでした。

しかし、雅望と言われても、それを受け止めるには、それなりの素地がなければ難しいのではないでしょうか。私が安岡先生の「俗望を捨て、雅望に生きよ」という言葉を、そのニュアンスを踏まえて受け止めることができたのは、私にそれだけの素地があったからだと自負しています。

その素地を培ったものは、ほかでもありません。旧制第三高等学校で学んだ折に、私を包み込んだ「ヴァーレ・フライハイト」（真の自由）をスローガンとする伸びやかな校風、また、東京銀行勤務を経て体験したアメリカ留学で味わったデモクラシー、人道主義、フロンティア精神の雰囲気、そういうものが大きいと思います。

それらのものが私の視野に広がりを与えていたから、雅望という言葉を受け止め、自分のものにしていくことができたのだと思います。

広がりのある視野を自分の素地の中に培っておく。これはとても大切なことだと思います。

7　出会いの大切さ

「霧の中を歩めば、覚えざるに衣湿る」

この世に生を享けて七十有余年、過ぎ越し方を振り返ってつくづく思うのは、人間は出会いだなあ、ということです。

これまで数多くの人に出会ってきました。

有名な人もいます。無名の人もいます。深い交わりを結んだ人もいます。浅い付き合いで終わってしまった人もいます。好感し、尊敬し、多くの学びを授かった人もいます。嫌悪し、うんざりし、二度と顔を見たくないと思った人もいます。

どんな出会いにしろ、どんな交わりにしろ、いい意味でも悪い意味でも、人との関係によって大なり小なり影響を受け、自分という人間が形作られ、人生の姿ができ上がってきたのだということを感じます。殊に七十という年齢を超すと、その思いは強いものがあります。

人間は自分一人で自分という人間を形作っていくのではない。自分一人で自分の人生を定めていくのではない。自分以外の人間との関わりによって、それらはできていくものなのだ。

そういうことなのでしょう。

日本における曹洞禅の開祖道元の『正法眼蔵』に、そのことを言い表す言葉があります。

「霧の中を歩めば、覚えざるに衣湿《しめ》る」

こんな薄霧なら濡れることはあるまいと思って、笠も蓑もつけずに歩いていく。実際、歩いていて、濡れるというような感じはまったくない。だが、いつの間にか衣は水気を含んでじっとりと湿っている。

人間の交わりもそれと同じだ、ということです。

この言葉のポイントは、「覚えざるに」にあると思います。濡れたな、湿ってきたなという自覚はない。だが、いつの間にかじっとりと湿っているのです。

人と出会い、人と交わり、そこから受ける影響も、まったく同じなのです。自分では意識していないのに、いつの間にか影響を受けているのが、人間関係というものなのです。

また、それが人間関係の妙味とも言えるでしょう。

だとしたら、自分の人間をより良くつくり、自分の人生をより良いものにしようと思うなら、人間関係で心がけなければならないことがあります。

それは自分より優れた人、自分より立派な人との出会いを意識して自分から求め、そういう人との交わりを自分から意識して深めていくことです。

それがより良き自分をつくり、より良き人生にしていく何よりのコツです。

卑近な例をあげれば、ゴルフです。自分より下手な人とラウンドすれば、相手よりいいスコアで上がることができて、気分はいいでしょう。だが、いい気分に満足してしまって技術は進歩しないし、強くなることはできません。

うまくなりたい、強くなりたいと思ったら、自分より上手な人とラウンドすることです。負けて悔しい思いをする。上手になりたいという向上心が出てくる。ただ一緒にプレーしているだけで、間合いのとれたタイミング、きれいなスイングが知らず知らずに身についていることも多々あるものです。

それらがバネになって、進歩上達していくのです。

人間形成も人生のあり方も、それと同じことです。

私は多くの優れた人びとに出会うことができました。多くを学ばせていただきました。

私のような人間が、とにもかくにもいま、ここにいることができるのは、出会った多くの人びとのおかげです。感謝せずにはいられません。

第二章　世に処する

8　小賢しさの戒め

「大賢は愚なるが如し」

歴代首相の中でも、故・大平首相と言えば、二十年前を知る人なら、明確に一つのイメージを描くことができるはずです。

そうです。「ああ」とか「うう」とかを合いの手のように挟んで、言葉少なに訥々《とつとつ》と話す語り口です。

茫洋《ぼうよう》とした面影とともに、あの語り口は忘れられないものがあります。

大平元首相とは、生前、大変近しくお付き合いをいただきました。

大平さんと言えば、私には自ずと思い浮かんでくる言葉があります。

「大賢は愚なるが如し」

本当に賢い人は自分の賢さをひけらかしたりはしないから、一見すると、愚かなように見える、という意味です。

誰が言ったというものではありません。諺や格言のように言いならわされている言葉です。

「大賢は愚なるが如し」。大平さんは本当にこの言葉どおりの人だったな、と思います。

私は持ち前のやんちゃな気質で、感銘を受けたり、新しい情報が詰まったりしている本を読むと、ついそれを話したくなって、大平さんを相手に喋りまくるようなことがよくありました。大平さんは例の茫洋とした顔つきで、ふんふんと耳を傾けてくれます。

ところが、大平さんはちゃんとその本を読んでいるのです。私が読んだ本で大平さんが読んでいない本は一冊もなかったと言っていいほどです。

実際、大平さんほど大変な読書家は、ほかに何人も知りません。当然、豊かな教養の持ち主でもありました。

自分が読んでいるにもかかわらず、それをおくびにも出さず私の話に耳を傾けるのは、人がどういう読み方をしたかを知って、それを自分の教養に取り込むためでした。

大平さんとは、そういう人でした。

そして、自分が話すときは、決して饒舌《じょうぜつ》にはならず、訥々とした語り口です。それは一見すると、「愚なるが如」く見えます。

実際、大平さんが首相だった当時、世間ではそういう受け取り方をする人も少なくなかったようです。

私たちはともすれば、小賢しさを賢明や聡明と見誤りがちではないでしょうか。そういう錯誤が国家や企業の場で起これば、国家を、企業を傾けてしまうことになりかねません。

同時に、真に賢明なるものを愚ととらえることも起こりがちです。それは大きな可能性を摘んでしまうことにもなります。

大いに心したいものです。

大平さんの政治はその人柄のように、地味で目立たないものでした。だが、大平さんの政治の方向は派手さはないが、日本を着実に前進させるものだったと再評価する機運が、最近出てきています。

これは大変嬉しいことです。

9　余白の妙味

「言葉は八分に留めて、あとの二分は向こうに考えさせよ」

故・大平正芳元首相の話を続けます。

大平さんは大変な読書に裏付けられた豊かな教養の持ち主であると同時に、非常に誠実な人でもありました。

誠実さ。これも大平さんの重要な人となりであったと言えましょう。

大平さんは大蔵省から当時大蔵大臣だった池田勇人元首相の秘書官となり、政治の世界に入って行きました。そして、政治の真っ只中にいた人です。政治の世界は好むと好まざるとにかかわらず、権謀術数渦巻くドロドロした世界でもあります。いくら誠実とはいっても清廉潔白でいるわけにはいきません。

悩みや苦しみを真正面から受け止めていく。大平さんの誠実さはそういうところにも現れていました。

「こういうときだからこそ、安岡正篤先生の教えを請いたいのだが」

そんなふうに漏らされたのです。

実を言うと、大平さんが池田勇人元首相の秘書官時代、池田さんは安岡先生に親しんでいたのですが、ちょっとした行き違いから池田さんが安岡先生の心証を害することがあって、以来、大平さんも安岡先生とは疎遠になっていたのでした。

そこで私は評論家の伊藤肇さんと相談して一席を設け、お二人の仲を取り持つことにしました。

しばらく行き違っていたお二人の顔合わせはどうなることか。内心気がかりでしたが、それはまったく杞憂というものでした。顔を見合わせるなり破顔一笑、それだけでわだかまりは溶け、たちまち親密な雰囲気に包まれて熱く語りだしたのです。

余計な心配とはこのことだと、私は伊藤さんと顔を見合わせ、苦笑したものでした。

お二人の語り合いは、決して言葉を尽くすというものではありませんでした。むしろ言葉数は少なく、会話の間にちょっとした余白が挟まるという感じです。

というと、会話が弾まず、白けた雰囲気を想像するかもしれません。だが、まったく逆なのです。短く語りだす言葉に意は十分に通い合い、それに続く余白によって共感が熱く高まっていくという感じなのです。

肝胆相照らす、という表現があります。まさにそれでした。その証拠に、予定の時間を過ぎても、お二人は語り合いを止めようとはしませんでした。

安岡先生と大平さんが語り合う様子を拝見しながら、私は一つの言葉を思い浮かべていました。住友財閥の二代目の総理事を務めた伊庭貞剛の言葉です。

「言葉は八分に留めて、あとの二分は向こうに考えさせせよ」

伊庭貞剛の言葉はさらにこう続きます。

「分かる者には言わずとも分かる。分からぬ者にはいくら言っても分からぬ」

十を相手に伝えようとするなら、言葉にするのは八だけ。残りの二は相手に任せる。相手の人物が本物ならその二は十分に理解する。言葉にしない二を理解できないような人物なら、大したことはない。そういうことです。

安岡先生と大平さんの語り合いで会話と会話の間に挟まる余白。それは言葉にしない二を分かり合う、妙味に溢れた余白だったのです。だからこそ、お二人の間にはあんなにも熱く親密な雰囲気が通い合ったのでしょう。

考えてみれば、日本には言葉にしなくても通じ合う、妙味に溢れた余白のコミュニケーションといったものが、伝統的にあったように思います。言わず語らずに通じ合う阿吽《あうん》の呼吸、少ない言葉で通じ合う気脈、といったものが確かにありました。

そしてそれが、人間関係を濃密に結びつける要素にもなっていたと思うのです。

ところが、いまはどうでしょう。

十を伝えるには、十を語らなければなりません。いや、十を語っても足りません。十五も二十も語らなければ、十を伝えることは難しくなっています。

こんなふうになったのは、いつごろからでしょうか。それは、グローバリゼーションの波がひたひたと寄せてきた時期でもあったように思います。

異なる言語、異なる文化に立つ者同士が意を通じ合い、理解し合うためには、確かに十を伝えるのに、十五も二十も言葉を尽くさなければならないでしょう。国際社会におけるコミュニケーションがそういうものになるのには、必然性があります。

その影響が一つの言語、一つの文化に立つはずの日本人同士のコミュニケーションにも及んでいるのかもしれません。

しかし、饒舌でなければ分かり合えなくなっている、逆に言うと、少ない言葉では意が通じなくなっている状態と、人間関係が希薄になっている最近の傾向とは、無関係ではないように思われます。

また最近、人間関係がうまく結べない若者が増えていると聞きますが、このこととどこかでつながっているのではないでしょうか。

十を伝えるのに八を語り、残りの二は余白の妙味で分かり合う。日本に伝統的にあったコミュニケーションの仕方は、社会生活でしっかりとした人間関係を築くためには、見直されてしかるべきです。

10　対人関係の持ち方

「春風を以て人に接し、秋霜を以て自ら粛む」

本当に豊かになり、生活が便利になったと思います。ポンとスイッチ一つを押せば、冬はたちまち部屋が温まり、夏は見る間に涼しくなります。温かいものを食べるのも、冷たいものを飲むのも、これまたスイッチ一つで自由自在です。

それだけではありません。何かを知りたいと思えば、これもキーを押すだけで、立ちどころに答えが手に入ります。このごろではその答えを手にする待ち時間を一秒でも短縮しようと、大騒ぎで莫大な投資が行われるありさまです。

人間の暮らしがどこまで豊かになっていくのか、想像もつかないほどです。

しかし、人間がこれほどの豊かさ、便利さを手にしたのは、つい最近のことです。人間は長い間、何事にも不足がちで、不便がつきまとう暮らしを営んできたのです。少なくとも三十年前ぐらいまではそうでした。

不足、不便の長い歴史の中で、人間は豊かに暮らす方法を考えました。そして、精神的に豊かになることで、不足、不便を克服することをつかみました。

精神的に豊かになるには、自分を鍛えなければなりません。何らかの形で自分を鍛えることがなければ、精神的に豊かになるのは難しい、というよりも不可能なことです。

かつて、修業とか修養とかは精神的に豊かであるために、つまり人間が人間らしく暮らしていくために必然のものでした。そうでなければ、ともすれば不足、不便がつきまとう暮らしに押しつぶされて、人間らしく生きられなかったからです。

だが、何もかもが満ち足りて便利になると、人間は自分を鍛えることを放棄してしまったように私には思えます。

自分の精神のありようがどうだろうと、物質的な豊かさや便利さが補いをつけてくれるからだと思われます。少し持って回った言い方をすると、精神の物質化ということになります。

修業したり修養を積んだりして自分を鍛えることが疎かになると、自分を見つめることが少なくなりますから、人間はどうしても自分に甘くなります。謙虚さが失われます。その結果として、自分中心になりがちです。

自分に甘く、謙虚さがなく、自分中心の考え方をし、行動をとる。最近、そういう傾向が強まっているのは、精神を物質化させ、それでよしとしている風潮と無関係ではないと思います。

残念ながら、政界や財界のリーダーと目される人びとにも、出処進退に関してそういうことが間々見られます。

「春風を以て人に接し、秋霜を以て自ら粛《つつし》む」

これは江戸時代の儒者・佐藤一斎の『言志四録』に出てくる言葉です。

人に対するときは春風のように穏やかで和やかな心、伸びやかで寛大な心で接し、自分に対するときは秋の霜のように鋭く烈しく厳しい心で律していかなければならない、という意です。

対人関係の基本にこの心がけを据えることができる人は、修業や修養によって自分を厳しく鍛えている人です。

だが、現実にはこの逆の人が増えているように思われます。人には秋霜の心で接し、自分には春風の心で対する人です。

何か問題が起こると、その原因や責任は他人のせいにして、自分には関わりがないとばかり顔を拭ってやり過ごそうとする人が何と多いことか。自分に対して春風の心でいるから、そうなるのではないでしょうか。

初めに、世の中が物質的に豊かになり、便利になったということを述べました。その豊かさ、便利さにかまけて人間は自分を鍛えることを怠るようになったと、精神の物質化という表現で、そのことを述べました。しかし、物質的な豊かさ、便利さにかまけたままでは大変なことになります。その予兆がはっきりと現れています。

二十一世紀に人類の深刻な問題として立ち現れる事柄としてはっきりと指摘できるものに、環境問題、資源問題、人口問題があります。

これらの問題を一つひとつ解決していくには、人間はいまの生活、暮らし方を見直さざるを得ません。いまの生活を見直し、改めることができなかったら、人類の破滅は必然です。

では、どのように見直せばいいのか。

一人ひとりが他人に対する思いやりを持ち、愛を育んでいく。この心が基本になります。人間一人ひとりがこの心を持つことが出発点になります。

自分中心の考え方では、環境、資源、人口、どの問題をとっても悪化を招く以外にはありません。

他人に対する思いやりの気持ちを持ち、愛を育んでいくということは、具体的な日常生活では、春風の心で人に接し、秋霜の心で自分を律するという対人関係の持ち方に現れます。

他人には春風の心で、自分には秋霜の心でという対人関係の持ち方は、その人自身の修業となり、向上させ、いい人間関係に恵まれるだけではありません。

それは全人類の利益に結びつく広がりのあるものなのだ、ということを知らなければなりません。

心したいものです。

11　日常の心得

「朝は召使より早く起きよ」

私はまだ修業半ばの身で父に死なれ、昭和三十九年、三十三歳で創業して社長になりました。以来、ずうっと経営者として過ごしてきたわけです。

父の後を受け継ぐと同時にウシオ電機を創業して、ことに当初の二年間ぐらいは大変な苦労でした。しかし、苦労なしに事業が興せるはずはありません。私が味わった苦労などは当然のことであり、改めて言挙げするほどのものではないのでしょう。

その後、事業が軌道に乗ってきたころ、雑誌で私のことが取り上げられると、アメリカに留学してモダン・マネジメントを学んできて、その手法を取り入れて成功したといった紹介のされ方をしたものです。

私は確かにアメリカに留学しました。しかし、モダン・マネジメントを学んだというのは誤解です。私が学んだのはポリティカル・サイエンスであって、経営に関することはケの字も学んでいないのです。

正直に言いますと、それまでは経営書の類は一冊もひもといたことさえありません。

私は大学は法学部であったせいもあって、経営は実学で科学ではないと思っていましたので、経営についてはは何も勉強していなかった、というのが本当のところです。

ただし、経済や経営についての基礎的な認識を授けられたことはあります。それは昭和三十八年でした。当時、東大助教授の内田忠雄さんに従ってヨーロッパを五週間かけて回ったのです。内田さんは日本生産性本部（現・社会経済生産性本部）の日本ＪＣのヨーロッパ・コモンマーケット視察チーム、経営者十二名のコーディネーターでした。

ついでに述べれば、昭和四十年代初め、経済政策について内田・湊論争という有名な議論がありました。

この論争の一方の旗頭は、私の父の友人であり、日本興業銀行の常務から日興證券の社長になられた湊守篤さんで、この人はにわかに高度成長の軌道に乗せるのではなく、できるだけ穏やかに社会を改造していくべきだ、という主張でした。これに対するのが内田さんで、とにかく前進前進、強気の成長主義を主張しました。

考えてみると、このような健康で活発な議論があったから、あのころの日本経済は活気に満ちていたのだという気がします。

それはともかく、私は機会に恵まれてヨーロッパを視察する内田さんについて、五週間も行動を共にすることができたのです。その間、市場経済というのはどういうものか、そこにおける経営者の役割というのはどのようなものか、といったお話を毎日うかがうことができました。

経営者の持つ見識の役割の大きさ、企業が果たすべき社会的責任等について、内田さんとの会話を通じて、経営者としての思想がなかり確実になったことは確かです。

少し横道に逸れたようです。話を元に戻しましょう。

こういう経緯で経営者になった私は、世間からはぼんぼんと見られる面があるようです。何がぼんぼんか、人の苦労も知らないで、と反発したくもなりますが、しかし、徒手空拳から事業を築き上げたような人に比べたら、父の人脈一つをとっても、私が恵まれた立場にあったことは確かです。

そのことを私は自覚していました。自分はたまたま恵まれた立場にいて経営者になっただけで、経営的な力があったわけではない。だから、自分は経営者としては偏りがある。そのことを忘れたら失敗する。常にそう自分にいい聞かせていました。

そんな私にびしっと日常の心得を示してくれた言葉があります。

渡辺崋山の『商人に与う』の言葉です。その一語一語は私の毎日の振る舞いや心がけるべきことを具体的に教えてくれたのです。

「朝は召使より早く起きよ」

渡辺崋山は江戸時代後期の画家として知られますが、また、思想家、藩政家でもあり、身分は武士です。商売とはまったく関係がありません。そういう人がなぜ『商人に与う』などという書を書き、しかもそれが商人の心得を的確に指摘しているのか。

渡辺崋山は三河国田原藩の藩士ですが、幕末ともなるとどの藩も財政が困窮し、ことに下級武士の生活は貧窮に苦しめられました。崋山が絵画に励んだのも、もちろん優れた画才があったからですが、描いた絵を売って家計を助けるという目的が大きかったのです。

絵を家計の助けにするには、描いただけでは始まりません。描いた絵を売らなければなりません。

その苦心が武士でありながら崋山を商人の道に通じさせ、商人としての心得を体得させることにもなったのです。

崋山は二十代で年寄役となって藩政の末席に連なり、窮迫する藩財政の改革に取り組みました。その折に記したのが『商人に与う』です。

なお、これは余談になりますが、崋山は藩財政の改革策として、従来藩士に対する給付はその家その家に伝わる石高によって支給される家禄制でしたが、これを藩士の職務によって支給する、いわば職務給制に切り換えるように提案しました。これは当時にあってはあまりにも急進的過ぎる晴天の霹靂《へきれき》でした。そのために守旧派の反発に合い、彼の改革策は挫折します。

また、崋山は蘭学を学び、それが彼の絵画に西洋画の技法を取り入れさせることにもなったのですが、同時に蘭学を通して世界に目を開き、高野長英などと共に幕府の対外政策を厳しく批判することになります。

そのために蛮社の獄に連座して蟄居《ちっきょ》を命ぜられ、自殺に追い込まれることになります。あまりにも時代に先駆け過ぎた悲劇と言えましょう。

また、横道に逸れました。元に戻します。

『商人に与う』は「朝は召使より早く起きよ」の後に、次のような言葉が続きます。

「十両の客より百文の客を大切にせよ。

買い人が気に入らず、返しに来たときは、売るときよりも丁寧にせよ。

繁昌するに従って、ますます倹約せよ。

小遣いは一文より記せ。

開店の時を忘れるな。

同商売が近所にできたら、懇意を厚くして互いに励め。

出店を開いたら、三か年は食糧を送れ」

崋山の説く心得を経営者の自分に当てはめ、日常の業務の一つひとつに心がけるように努めたのです。

崋山の『商人に与う』の言葉を要約すれば、仕事に勤勉に励め、倹約を心がけよ、情義に厚くあれ、ということになります。

それらは伝統的な日本の原点、美質と言うべきものです。そして、これらをいまのビジネスのあり方に当てはめ、具体的な日常業務の心得としていくとき、それは決して古いものではなく、近代の経営者のあり方に通じるものであることが分かってきます。

特に最後二行は味わいのある話です。

古い商家などには必ず家訓といったものが残されています。そこに盛られた考え方を現在に当てはめて見直すと、そこには指針となるものがキラリと光っているはずです。

12　品格について

「官尊民卑は民が卑しいからだ」

「リーダーは原理原則を教えてくれる師を持たなければならない」

これは評論家の伊藤肇さんが生前、折に触れて言われていたことです。

その点、私は大変な幸運に恵まれていたと思います。節目節目に多くの師に出会い、貴重な教訓をいただくことができたからです。

その中でも取り分け印象深いのは、土光敏夫さんです。

昭和五十年代に科学万博（つくば博〔ＥＸＰＯ'85〕）や第二次臨調などで、私は土光さんとご一緒に仕事をする機会に恵まれました。これは私の何よりの幸運だったと思っています。

あれは土光さんが科学万博の会長を務められたときでした。そのもとで、私は基本構想委員会の委員長を仰せつかりました。私が仕切る会議に土光さんは欠かさず出席されました。しかし、ご自分では一切発言なさらず、われわれの議論にじっと耳を傾けるだけなのです。

あるとき私は、「土光さん、何かおっしゃってくださいよ」とお願いしました。すると、土光さんは言ったものです。

「会長の私が発言すると、どうしてもそこで意見が固まってしまう。それは私の本意ではないし、それでは会長としての役目も十分に果たせない。会長としての私の役割はね、君たちが決めたことに反対する人を箒で掃いて捨てることなんだよ」

土光さんは一旦仕事を任せたら、とことん信用して人を使う「任用」の人である、とは聞いていました。任用とはこういうことかとしみじみ感じ入り、同時に任用とは言うは易いが、いざとなると、余程肝が座った真の勇気がないとできないことだと身に沁みました。

そして、任用とは人を発奮させるものであることも知りました。私は土光さんの言葉に感激し、さらに自分に与えられた仕事を立派にやり遂げなければ、と打ち込んでいったのです。

忘れられないことがあります。臨調の会議でした。官尊民卑の弊害が話題になったのです。日本は官の権力が強く、われわれ民間が改革を実行するのは難しい、という意見がひとしきり取り交わされたのです。

そのときでした。じっと耳を傾けていた土光さんが、突然厳しい声で一喝されたのです。

「官尊民卑は民が卑しいからだ」

活発な意見が飛び交っていた会議場が、一瞬シンと静まり返ったのを、いまでも鮮やかに覚えています。

臨調のように民間人で意見を交換すると、そのあとで必ず、誰がこう言った、彼がああ言ったと関係官庁に告げ口をする者がいる。民間人にそういう卑しい根性がある限り、官尊民卑を克服することはできない。土光さんは静かな口調でそう続けられました。

最近、官に対する批判は厳しいものがあります。

確かに官には批判されなければならない面が多々あります。しかし、官を批判するだけでいいのでしょうか。

キリストは、「汝らのうち、罪なき者石を持て我を打て」と言いました。何かを批判するなら、批判するに足るだけの内実を批判者自身が備えなければなりません。

いろいろな業界で企業モラルが疑われる事件が頻発しています。官を批判するだけで事足りるのか、という思いを禁じ得ません。

私の耳にはいまでも土光さんの「官尊民卑は民が卑しいからだ」という一喝が響いて消えません。

目刺しをおかずにするような質素な生活ぶりが盛んに報道されたこともあって、土光さんの評判は生前から高いものがありました。

賞賛の声が土光さんを包んでいました。だが、中には土光さんに口当たりのいいことを言って、取り入ろうとする人がいたことも確かです。

あるとき、関係者がいる前で、土光さんがご自宅に届いた何通かの手紙を私に見せてくださったことがあります。

その手紙は土光さんを厳しく批判するものばかりでした。

「人間はとかく口当たりのいい賞賛に気持ちを傾けるものだ。周りも賞賛の声だけを聞かせたがる。だが、それだけを信用したら、人間はお終いだ。たとえ耳に入ってこなくても、まったく逆の声も常にあるのだということを知らなければならない。君はまだ若いんだから、こういうことはよくよく心しなければならないよ」

土光さんは私を諭す口調でした。だが、それは私への訓戒の形を取りながら、自分自身に言い聞かせ、また関係者の態度を戒めているのだな、と感じられました。

どこまでも自分を律し、また人間のありようを正確に見つめる土光さんの厳しさを、強く感じたことでした。

土光さんの一喝で、ことに私の耳に強く残るのは、「卑しい」という一語です。

そう言えば、最近は「卑しい」という言葉を滅多に聞かなくなったような気がします。それは「卑しい」ことが日常化してしまって、卑しさの観念が希薄になっているからではないか、という気がしてなりません。

同時に、「卑しい」という言葉が滅多に聞かれなくなったのは、日本が停滞の霧に巻き込まれたのと、軌を一にしているような気がします。

土光さんは卑しさを克服し、乗り越え、品格のある仕事をすることに徹された人だったのだな、と思わずにはいられません。土光さんに教わったものの究極は、品格ということであり、品格こそが真の力になるのだということを、私はつくづくと嚙みしめています。

13　出処進退について
「進むときは人に任せ、退くときは自分で決めよ」

難しいことの一つに、ジャスト・タイミングということがあります。人生においてすべてをジャスト・タイミングで成し遂げられたら、それは完璧な人生ということができるでしょう。しかし、これは至難の業です。

後から「これはちょっと早すぎたかな」とか、「あれは遅すぎたな」と反省することばかりを、私は繰り返してきたような気がします。

中でもタイミングを誤ってならないのは、出処進退に関してだと思います。出処進退に関してのタイミングは、その人の評価を決定するといっても過言ではないほど、重いものがあります。

出処進退については、安岡正篤先生から教えていただいたことがあります。

こういうことです。


「進むときは人に任せ、退くときは自分で決めよ」


では、退くときの判断基準、タイミングはどうか、と私は質問しました。だが、安岡先生の答えは「それこそがその人の器です」ということで、具体的ではありませんでした。

安岡先生の答えが具体的でなかっただけに、私は経営者としての経験を積む中で、タイミングについてずうっと考え続けてきたようです。

そしてタイミングについては、早すぎるのはまずいが遅すぎる分には問題がないケースと、遅すぎてはいけないが早すぎる分には支障がないケースがあることに気がつきました。

例えば、降格人事です。これは少し遅いぐらいのほうがいいのです。借金の返済は逆に、約束より早く返すに越したことはありません。

このように、あらゆる事柄をどちらのケースに当てはまるかを考えながら、私は物事を処理してきました。

この考え方が癖にまでなると、ほとんどが誤りなく、明快な判断が下せるようになったと思います。

余談になりますが、借金の仕方ではこういうコツがあります。これはある銀行の方から教わったことです。

「借金をするなら、多めに、長めに」ということです。

一千万円を三か月間借りたいとします。そのときは、一千五百万円を五か月間貸してほしいと申し込むのです。

余分の額五百万円は預金しておきます。万一のことがあった場合、これを活用することができます。

そして、当初の計画どおり三か月で返せば、約束の返済予定よりは二か月早く返したことになるわけですから、信用を得ることができます。

多くの人は借金は頼みにくいという観念があるから、どうしても額は少なく、期間は短めに言って、借金を頼むことになります。少なく借り、早く返そうとするのですから、どうしても無理があります。

その結果、約束を果たせずに著しく信用を損ねるということになってしまいます。


平成十三年、私は経済同友会代表幹事を退任しました。

そのとき、元経団連会長の平岩外四さんから、「少なくとももう一期務めてほしい」という要請をいただきました。

尊敬する先輩の要請です。正直、迷いました。

しかし、これはどう考えても遅すぎてはいけないケースに当てはまります。ことに地位を去るときは絶対に遅すぎてはいけないと考えました。

私は「退くときは自分で決めよ」という安岡先生の教えに従って、その後、誰にも相談せず、退任を発表しました。

これはジャスト・タイミングだった、と信じているのですが。

14　人生の姿

「水到リテ渠成ルガ如シ」

人生にはさまざまな紆余曲折があります。事の大小はあっても、困難を避けて一生を送ることは誰にもできないでしょう。

そういう目の前に現れる現象に、われわれは惑わされがちです。惑わされて必要以上に悲観に陥ったり、無闇に楽観したり、ということになります。こういった感情の起伏があるがままの人生を歪めてしまうことも、しばしば見聞することです。

また、人間には野心があります。野心そのものは否定すべきではありませんが、その野心はしばしば虚栄心と表裏一体になっていることがあります。

こういう種類の野心はともすれば無理な生き方を強いることになります。無理な作為が働きます。無理もまた人生を歪める種になります。

「水到リテ渠《きょ》成ルガ如シ」

私の好きな言葉です。

何か古典に出ていた言葉だと思いますが、思い出せません。

水が流れてきます。低地に水が溜まります。ふたたび流れはじめて溝ができます。

そのような当たり前で単純なことを言っている言葉です。

自分で溝をつくって水を流すのではなく、人生とはまさに「水到リテ渠成ルガ如」きもの、水が流れて溝が自然にできるものではないでしょうか。齢を加えて人生を振り返ると、まさにその感を深くします。

安岡先生の知遇を得て東洋の古典を心の拠り所にすることになったこと。父の死に直面して経営者になる決心が固まったこと。経営の道をひたすら歩み続けたこと。すべてが水が流れて地形に従って溝ができるように、実に自然な流れで現在の自分に行き着いたのだと感じられます。

このように人生の姿がとらえられると、何か大局的な視点が備わって、悠々と生きていく勇気がさらに与えられるような気がしてなりません。

第三章　事をなす

15　勇気と決断

「事に臨むに三つの難あり。能く見る、一なり。見て能く行う、二なり。当に行うべくんば果決す、三なり」

いま、時代は大変なスピードで変化し、進展しています。その変化は三つに集約されるのではないかと思います。

第一はルールの変化です。

これまでわが国は政官民協調という日本型ルールをつくり、このルールでうまくやってきました。

これは基本的には一国繁栄主義というべきものです。対外的には日米安保を楯にした一国安全平和主義、財政的には一国健全財政主義といった具合で、自分の国のことだけを考えていればいい、というルールでした。

東西対立の世界構図の中で、われわれはこのルールで戦後のほぼ半世紀を生きてきたわけです。

だが、ソ連の崩壊により冷戦構造が終焉し、多様な民主主義と市場経済というグローバリゼーションの波が打ち寄せてきました。自国のことだけを考えていてはやっていけない、世界と共に生きるルールでなければ通用しなくなったのです。

第二は対象の異質化です。

これまでは日本人の好みだけを考えていれば商売になりました。

だが、日本で売れるものが世界で売れる、世界で売れるものが日本で売れる、という具合にならないと、通用しなくなったのです。

円が急速に強くなり、国際調達も多様化し、拡大しています。商売の対象が異質になったのです。新しい工夫が求められるようになったのです。

第三は規模の拡大です。たとえば、サッカーのワールドカップのように、一つのテレビ番組を十億人が観るといった世界が出現しています。ビジネスも学問も、さらには日常生活も、この規模の拡大に即応する必要が出てきています。

この変化は当然、企業経営に影響してきます。どのような影響でしょうか。

ヘッドクォーターだけで万事に対処するのは難しくなっています。出先のことは現場に任せる現場主義が重要になってきています。

これはつまり、経営の分権化ということです。

カンパニー制度や執行役員制度が広がりつつありますが、これはその現れということができます。

基本政策や長期計画などの大きな意思決定は中央集権化し、デイリー、ウイークリー、マンスリーな事柄は現場に任せるという二重構造が、経営の常態になってくるということです。

商品のイメージ創出に、パブリシティーが重要になります。

商品の信頼性構築に、情報公開が重要になります。

トラブルへの的確な対処による商品責任の明確化が重要になります。

それだけに経営者のイメージは商品イメージ、企業イメージと一体化し、鋭く問われることになります。

このような変化によって、経営のあり方もこれまでとは明らかに違ったものになります。

何といっても、これまでのような全天候型の経営は経費の増大を招くだけで、不可能になってきます。経営を得意分野に特化していくことが求められます。

変化はチャンスの増大を意味します。といって、訪れるチャンスにダボハゼのように飛びつくやり方では駄目です。すべての企業が自分の得意技は何かを見極め、その分野に特化して選択していく厳密性が、より強く求められるようになります。

では、この変化、進展の中で、これに対応していくにはどのような資質が必要になるでしょうか。

陽明学者の張詠が、いまの時代を見透かしたように言っている言葉を噛みしめるべきだと思います。

「事に臨むに三つの難あり。能《よ》く見る、一なり。見て能く行う、二なり。当《まさ》に行うべくんば必ず果決す、三なり」

事に臨む、変化に対応していくには三つの難しいことがある、というのです。

対象をよく見る。観察力、調査力が重要だということです。その観察力、調査力を働かせた上で、よく行う、つまり実行力が大切だというのです。

観察力あるいは調査力。そして実行力。この二つが重要なことは誰にも分かることです。この二つの力をきちんと身につけることが、変化に対応していく基盤になります。

しかし、これだけではありません。変化に対応するには、その上にもう一つ備えなければならない資質があります。それが果決です。そして、これが一番難しいことだと言えるでしょう。

果決とは何でしょうか。安岡正篤先生に詳しく講義していただいたことがあります。それによると、こういうことです。

果物の木に花が十輪開いたとします。この花は十輪とも受粉をすれば、実をつけることができます。だが、十輪の花をそのまま実らせたのではどれもが小粒になって、見事な実を得ることができません。どの花がもっとも見事な実を実らせるかを見極め、九輪の花を間引いて一輪だけを残す。これが果決です。

どの花を残してどれを間引くか。選択する決断と勇気が必要です。しかもただの闇雲な決断と勇気では駄目です。どの花を間引いてどの花を残すかを見極めるきめ細かさの裏付けがなければなりません。

観察力あるいは調査力、実行力、そして勇気と決断。こう並べてみると、特に目新しいものはありません。

高度成長のころも、バブル花盛りのころも、成功するためには対象を観察し、調査し、実行し、勇気を持って決断していくことが不可欠でした。

そうなのです。いつの時代も、どのような状況でも、基本は不変なのです。

だが、変化の時代には並の観察力や調査力では駄目なのです。ありふれた実行力では駄目なのです。質の高い選択をする決断力が求められるのです。

勇気や決断といった人間力も、蛮勇や剛勇といった粗雑なものでは駄目です。きめの細かさを伴った勇気であり、決断でなければならないのです。

16　変革の心得

「一利を興すは一害を除くに如かず。一事を生むは一事を減らすに如かず」

いま日本には、政治を筆頭に行政でも経済でも教育でも、あらゆる分野で「変革」の言葉が踊っています。

時代が大きく転換しようとしているのです。それを感じ取っているからこそ、「変革」の叫び声がさまざまなところで高くなるのは当然と言えます。

しかし、どうでしょう。

ちょっと大雑把な言い方になるかもしれませんが、いま行われようとしている変革がバナナの叩き売りのように感じられるのは、私だけでしょうか。

何でもかんでも思いつくままに手を出して、どれもがはかばかしい成果を見ない。あるいは中途半端な結果に終わってしまう。そういうものが多すぎるように思います。

改革といっても、やり方は一様ではありません。

日本は民度が高く、あらゆる分野が整っています。そこにはいいものがたくさんあります。

あらゆるものが未発達未整備な開発途上国を改革するのとは訳が違うのです。ほとんどのものが整っているという状況の中でやっていくのが、日本の改革なのです。とすれば、この状況の中でやる改革のやり方というものがあるはずです。

耶律楚材《やりつそざい》はチンギスハンに重用され、モンゴル民族の政権である元の中国大陸支配の基礎を築いた重臣です。

それまで中国大陸に君臨していたのは漢民族です。漢民族は当時の世界でトップクラスの文化文明を備えていました。文化文明の点ではモンゴル民族よりはるかに上でした。

そこに入っていってモンゴル民族の権力基盤を揺るぎないものにするには、それに対応したやり方をしなければなりません。

耶律楚材はそのやり方を明快な言葉に残しています。

「一利を興すは一害を除くに如《し》かず。一事を生むは一事を減らすに如かず」

無闇に新しいものを始めるのではなく、まず害になるものを除くことを優先させたのです。

民度が高く、ほとんどのものが揃い、整備されている日本では、何か新しいことを始めようとすると、それと重なるものが必ず妨げる力となって働きます。だから、まず初めに妨げる力となるものを取り除いてしまう。そののちに新しいことを始める。民間主導型の活性化を目指す構造改革は、硬直した制度を取り除く規制撤廃の具体化がその骨子です。その後、新しいルールを作ることも大事です。

改革とは派手なパフォーマンスを打ち上げて、耳目を集めることだけではありません。

肝心なのは実を上げることなのです。実を上げない改革など意味がありません。

そのためにも、一害を除いて一利を興す、一事を減らして一事を始める、そういう着実な歩みが、いまの改革にはもっとも求められるものなのではないでしょうか。

17　変革の条件

「神よ、変えてはならないものを受け入れる冷静さと、
変えるべきものを変えていく勇気と、
変えることのできるものと、できないものを識別する知恵を、
われらに与えたまえ」

第二次大戦後、マッカーサー率いるＧＨＱが行った日本に対する戦後処理は、極めて大胆な構造改革であった、と言うことができます。占領軍という絶対的な権力があったからこそできたことでもあるのですが、既存のリーダーたちが一斉に追放されました。これによって改革の障害となるものがほとんど取り除かれ、風通しがよくなりました。そこに過去にとらわれない若くて優秀なリーダーたちが登場して日本を引っ張り、奇跡的な高度成長を成し遂げる中で、戦後日本の構造が定着していきました。

しかし、どんな事柄も年月の経過と共に老朽化することは避けられません。戦後に定着した日本社会の構造は半世紀近くを経る中で変化にそぐわなくなり、その構造にもたれかかるリーダーシップもまた、硬直化していきました。

従来型の構造とその構造を引っ張るリーダーシップがそのまま継続されたことは、換言すれば、改革への無気力とリーダーシップの喪失であったということができます。

そのどん詰まりに現れたのが、一九九〇年代の、いわゆる「失われた十年」であったと思います。

いま、誰の目にも変革の必要性は明らかです。

だが、いざ改革となると、どうも思うように進まないのが現実です。

そのとき、よく聞かれる台詞があります。

「日本でそれを実施するのは難しい」

そして、次のような理由付けの台詞が続きます。

「日本はアメリカやヨーロッパとは違う。日本には日本ならではの日本的特殊事情があるから」

日本的特殊事情。この言葉がしきりに言われたのは、実はいまが初めてではありません。

明治維新の改革はマッカーサーの改革よりも大きなものだったと言えます。それだけに改革に抵抗する力学も大きく働きました。そのとき、しきりに言われたのが、この「日本的特殊事情」だったのです。

明治の改革の大きなテーマは、西洋の文明に追いつくことでした。そのために明治政府は政府高官をほとんど網羅した岩倉具視《ともみ》を大使とする使節団を編成し、欧米を歴訪させました。欧米各国を視察し、その文化文明を実感するためです。

使節団が帰国して、岩倉具視は報告書を作成しました。それには次のようなくだりが記されています。

「西洋の文明に追いつくには、くれぐれも日本的特殊事情などと言うまじく候」

古い体制にしがみつき、改革を妨げようとする勢力にとって、「日本的特殊事情」は明治のむかしもいまも、金科玉条の理由付けになっていることが分かります。

変革するといって、何もかも変えればいいというものではありません。

不易と流行といいます。変えることのできないもの、変えてはならないものと変えることのできるもの、変えるべきものがあるということです。

たとえば、現場を大切にする現場主義、仲間と力を合わせて成果を上げようとする集団主義、さらには完璧主義など、日本ならではの美点が、変えてはならないものです。

そして、流行の部分、これこそが変化に適応しないものなのですから、どんどん変えていく。

変革はこのようなものであるべきです。

何が不易で何が流行か。これをきっちりと見極める。改革にはこれが大切だということが分かります。

不易と流行のきちんとした見極めができていれば、日本的特殊事情を理由に変革を渋るのは、リーダーシップを喪失し、変革に無気力になっているだけだということがはっきりします。

「Oh God, give us serenity
to accept what cannot be changed,
courage to change what should be changed,
and wisdom to distinguish the one from the other.」
—— *The Serenity Prayer* ——

「神よ、変えてはならないものを受け入れる冷静さと、
変えるべきものを変えていく勇気と、
変えることのできるものと、できないものを識別する知恵を、
われらに与えたまえ」

これはアメリカの神学者ラインホルト・ニーバーの言葉です。

ちなみに言えば、ラインホルト・ニーバーはキリスト教的人間観とキリスト教的社会倫理観の確立に努力し、聖書的宗教改革的神学を復興して、アメリカ社会に少なからぬ影響を与えた人です。

一九八〇年前後、レーガン改革が始まろうとするころにアメリカの経営者の会合に出るとしばしばこの言葉の書面が配られました。

不易と流行を見極める。そのために必要なものは何か。ラインホルト・ニーバーの言葉にそれは明らかです。

そうです。冷静さと勇気、そして英知です。

二十一世紀に向けて、いま、どうしても改革を成し遂げなければなりません。
それは日本人の冷静さと勇気と英知が問われていることでもあります。

変革を受け入れる冷静さと変革に挑戦する勇気と変革を洞察する英知を、日本人は資質として備えていると、私は信じます。
明治時代、日本的特殊事情などという戯言を撥ね除けて、あんなに見事な改革を成し遂げた歴史が、日本人にはあるのですから。

18　リーダーの心の持ち方

「戦戦兢兢、深淵に臨むが如く、薄氷を履むが如し」

ＩＴ（情報技術）の核はインターネットであるといって間違いではないでしょう。

そのインターネットはアメリカで開発され、爆発的に普及しました。

これには理由があります。アメリカの国民性や文化、風土にインターネットの特質がよく合っているからです。

アメリカは移住者の国です。異なる言語、文化、生活習慣を持ったさまざまな民族が寄り集まって、アメリカ社会は構成されています。

民族が異なるというのは、俗な言い方をすれば、お互いに気心が知れないということです。気心が知れない者同士が一つの社会を構成しているのが、アメリカという国なのです。

気心が知れない同士が一つの社会を構成した場合、単一民族社会には見られない特徴が現れます。

情報に対しては常にトランスペアランシー（透明性）とアカウンタビリティー（説明責任）が求められます。気心の知れない同士だから、情報は透明性と説明責任の裏付けがあって、初めて安心できるというものです。

あらゆる情報がオープンになり、瞬時に行き渡るのがインターネット社会です。多民族国家であるアメリカにはインターネットが似合っているというわけです。

日本はどうでしょう。

この島国に住む人間は日本語を話し、日本文化を共有しています。生活習慣も基本は似たり寄ったりです。顔貌も肌の色もだいたい似たものです。

こういう社会はお互いの気心がだいたい見当がついて、安心できます。だから、情報についてもあまりオープンにされなかったり、十分な説明がなされなかったりしても、うるさいことは言いません。

「知らしむべからず、寄らしむべし」

こんなリーダーのあり方が出てくるのも、日本社会の特徴だと言えましょう。

リーダーの意思決定は一般民衆には簡単に理解できるものではありま

せん。また、日本人はあえて意思決定の内容に分け入って理解し、納得したりしようとはしません。それよりも、あの人の言うことならまず間違いはないから、あの人の決めたことならついていく、という態度になりがちです。

さらに、気心が知れた同士で社会を構成する日本人は、集団を好みます。集団に入ってみんなと同じ行動をとっていれば安心するという性質があります。

だからなおのこと、リーダーがどうしてこういう意思決定をしたかなどは強いて知ろうとはせず、とにかくリーダーを信頼してついていく、ということになります。

「知らしむべからず、寄らしむべし」（充分に知らせることはできないが、高く信頼を受けることはできる）がリーダーのあり方になるのは、日本の国民性や風土からいって、必然性があると言えるでしょう。

われわれ日本人にはこういう特徴があるということは、認めなければなりません。そして、こういう国民性はどうもインターネット向きではないということも認めなければなりません。

なぜなら、気心が知れない同士なら、一つの情報について徹底的に説明を求め、中身をすっかり理解した上でなければ、安心して自分の判断を下すことができませんが、気心が知れた同士なら一つの情報の中身を知らずに任せても、さほどの不安はないからです。社会は安らかになります。

しかし、インターネットに不向きな国民性だからといって、ＩＴの導入をなおざりにしていいわけがありません。

ＩＴ社会の進展は世界的な必然です。いまグローバリゼーションを具体的に先導しているのはＩＴなのです。ＩＴ社会に乗り遅れたら、将来、社会は企業の競争力を失い、大きな不利益を被ることは目に見えています。

それだけにリーダーの役割が重要になってきます。

ＩＴを本格的に導入し、ＩＴ社会化した場合、日本の国民性や風土がどう反応し、どのような社会変化が生じてくるのか。リーダーはそこをしっかりと見極め、不易と流行を見極め、ＩＴ社会の進展を図っていかなければなりません。

従来のリーダーとは異なった細心で周到な自制心が求められるということです。

いや、リーダーたる者は表面はいかに豪放磊落《らいらく》であろうと、骨太であろうと、胸の奥底に繊細な神経を備えていなければならないのは、むかしからのことなのです。

中国の古典『詩経』にリーダーの心を示すこんな言葉があります。

「戦戦兢兢《きょうきょう》、深淵に臨むが如く、薄氷を履《ふ》むが如し」

「戦戦兢兢」という言葉は、何か小心者を示すようで、マイナスイメージでとらえられがちです。だが、この言葉の本来の意味はそうではありません。

深淵に臨む冷静な洞察力と、薄氷を踏むような慎重な緻密さをもって事に当たるということです。

このような心構えを、『詩経』の言葉を圧縮して、「深臨薄履《しんりんはくり》の心」といいます。

「深臨薄履の心」はむかしからリーダーが備えなければならなかった心の持ち方なのです。

ＩＴ社会が進展して、未知の世界が開けようとしているいまはなおさら、リーダーはこの心を帯さなければなりません。

いや、リーダーに限りません。二十一世紀に向かう私たち一人ひとりが「深臨薄履の心」を備える必要があります。

19　チャレンジ精神について

「creative failure（創造的失敗）を恐れるな」

ソニーは常に技術のフロンティアに挑戦し、成功を収めてきました。その一点だけでもソニーは多くの企業の手本になるものを備えています。

そのソニーでリーダーシップを発揮し続けたのは、創始者の井深大さんでした。

その井深さんが亡くなられ、ソニーグループ葬が行われたときです。ノーベル賞受賞者である江崎玲於奈さんが弔辞を読まれました。

その中に井深さんの姿勢を如実に示す言葉があって、井深さんとはまさにそういう人だったと、万感胸に迫るものがありました。

「creative failure（創造的失敗）を恐れるな」

江崎さんの弔辞の要旨は次のようなものでした。

「多くの日本人が古きをたずね、過去の歴史、経験、実績の中にガイドラインを求める中にあって、井深さんは独特の直感力と洞察力で未来をたずね、自分の指針を作ろうとされた貴重なリーダーでした。未来をたずねれば、必ずクリエイティブ・フェイリャー（creative failure＝創造的失敗）がつきまといます。だが、クリエイティブ・フェイリャーを恐れるな、が井深さんの基本的姿勢でした。井深さんはそれを乗り越えるために、さらに努力を続けられた人でした」

私が井深さんに初めてお会いしたのは、テレビの討論番組の場でした。テーマは教育問題でした。

当時、私は三十歳前後ではなかったかと思います。私は小学校教育の重要性を強調しました。

そんな私に、井深さんはこう言われました。

「いや、小学校では遅いね。ゼロ歳から三歳までの幼児教育こそポイントですよ」

番組の収録が終わったあとも、二十三歳も年下の若造に過ぎない私に向かって、井深さんはなおも幼児教育の重要性について語り続けました。その日は生き生きと輝いていました。私はその子どもっぽいとも言える若々しさに驚嘆したものです。

その後、井深さんは幼児教育への関心が発展して、チンパンジーの研究も始められました。ゼロ歳から三歳の間にしっかり教育すれば、チンパンジーも言葉をしゃべれるようになるはずだという仮説に立って、チンパンジーに言葉を教えたのです。

しかし、成功しませんでした。クリエイティブ・フェイリャーです。

だが、井深さんはクリエイティブ・フェイリャーを少しも恐れませんでした。子どものような好奇心で次々と挑戦しました。

その自由闊達《かったつ》なリーダーシップがソニー技術陣の基盤となり、ソニーの企業力になったのです。

そのほかにも井深さんには、偉大な成功と多くのクリエイティブ・フェイリャーがあります。

この事実をとらえて、否定的な論評をする向きがありました。中には、あまりにも科学的常識から離れた、子どもっぽく馬鹿馬鹿しい仮説であり挑戦だと揶揄《やゆ》し、嘲笑する向きもありました。

私はこのような批判はとても不愉快でした。

私に言わせれば、あまりにも常識的なしたり顔に納まって、挑戦を放棄してしまっている向きが多いのではないかと思います。そういう風潮がまかり通り過ぎているように思います。

その風潮がクリエイティブ・フェイリャーを恐れさせ、チャレンジ精神を萎縮させ、ひいては技術開発を停滞させ、経済停滞を招いている元凶ではないかと考えます。いまこそ、井深さんの心を思い起こすべきだ、と思います。

20　パートナーの大切さ
「明ニシテ察ニ至ラズ。寛ニシテ縦ニ及バズ」

安岡正篤先生を囲む勉強会「而学会」を組織した話は先に述べました。私が三十三歳で社長になって、その七年後ぐらいだったと思います。而学会では『宋名臣言行録』の講義をうかがいました。そこで出合ったのが、この言葉です。

「明ニシテ察ニ至ラズ。寛ニシテ縦ニ及バズ」

明晰ではあるが、察々（煩わしいほどに細かいさま）にはならない。

寛大ではあるが放縦には流れない。

そういう意味です。

安岡先生はそのバランスが肝要である、ということを盛んに強調されました。


お話をうかがいながら、リーダーには「明」タイプと「寛」タイプがあるな、と思いました。

「明」タイプは物事に明晰ですが、部下に対しては細部まで追求するような態度を取りがちです。だから、どうしても部下は萎縮しがちになります。

「寛」タイプは部下に対して寛大です。だから、優れた資質を持った部下は大いに能力を発揮できます。しかし、部下は優れた資質を備えた者だけではありません。中にはいい加減な部下もいます。そういうのは放縦に流れます。

自分は「明」と「寛」のどちらのタイプかを知って、「明」なら「寛」を、「寛」なら「明」を取り込むように努めて、両者のバランスを取ることが重要です。

しかし、完全無欠な人間はいません。少なくとも私はそういう人を知りません。長があれば必ず短がある。それが人間というものです。

自分にない資質を取り込むために修業する。自分を鍛える。そういう努力も必要でしょう。

しかし、いかに努力しても自分にない資質を取り込むのが至難の業であることは、そういう人に滅多にお目にかかったことがないという事実を見れば明らかです。

では、どうすればいいのか。

私は資質的に言うと、どういう人間なのか。

物事を組織的に考えるよりも個別的内省的にとらえがちです。個人的性向の強い人間が私なのです。こういうのは経営者に向いているとは言えません。

それがサラリーマンを辞め、父が亡くなったという事情のために、三十三歳でいきなり社長になり、事業関係を一手に担うことになりました。社長になってからの自分の振る舞いを振り返ってみました。自分の資質そのままに振る舞っていることに気づきました。

「明」タイプと「寛」タイプの分類に従えば、私は明らかに「明」タイプです。物事に対しては明晰だと言えますが、部下に対してはどうしても察々になりがちです。

では、部下が萎縮しているかというと、必ずしもそうは思えません。部下に対して確かに察々になりがちですが、「察ニ至ラズ」に済んで、何とか社長の役目をこなしているのです。

これはどうしてか。私が努力して「明」と「寛」のバランスを取っているというわけではありません。「明」の私が「察ニ至ラズ」に済んでいるのは、パートナーの存在があったからです。

そのパートナーは私とは対照的に「寛」タイプで、管理関係を一手に担当し、ともすれば察々になりがちな私の振る舞いを持ち前の寛大さで和らげてくれていたのです。彼はのちに社長になりました。

自分の欠点をカバーしてくれるパートナーの存在は重要です。事をなすには不可欠と言っていいかもしれません。

21　人間が大事

「人が第一、戦略は二の次と心得ること」

この二十年で日本経済はほぼ三倍に拡大しました。何もかもが物凄いスピードで拡大しています。なかんずく拡大のスピードが凄いのは、情報です。量において千倍、スピードにおいて百倍と驚異的な拡大です。

これまで一部の人しか入手できなかった情報が、誰でも簡単に手に入れることができるようになりました。そのためにさまざまな逆転現象が起こっています。

政治の分野では自分の選挙活動に忙しい政治家よりも、テレビや新聞、雑誌などで毎日たくさんの情報に接している一般国民のほうが世情に詳しく、政治に対する目も肥えてきています。

商売ではたとえば自動車のセールスマンは、自社製の車には詳しいが、世界中の車に詳しいというわけにはいきません。ところが、車好きはインターネットで世界中から車の情報を集めています。セールスマンより買い手のほうが車のことはよほどよく知っているというのは、珍しくなくなっています。

この逆転現象は、いまでは小学校でも起こっています。児童のほうが先生よりよほど世の中のことを知っているのです。

ここまで情報が行き渡った世界を、人類はかつて経験したことがありません。

これだけ大量の情報が流通すると、すべての情報に目を通すことは難しくなります。そこに不安が生じます。

そのために、時間が足りない、自分はもっと重要な情報を見落としているのではないか、といった苛立ちが、社会全体を覆い始めているように私には感じられます。

そして、この苛立ちがなおのこと情報の洪水にどっぷり浸からせることになっているような気がしてなりません。


情報の洪水の中で、ともすれば人間が見失われがちになっています。

しかし、どんなに情報が拡大しても、結局は人間なのです。

経営においては、ふんだんに手に入る情報をもって、人間に代替させようとしている形が散見されます。

だが、私に言わせれば、とんでもないことです。情報が拡大して圧倒されそうになっているからこそ、逆に経営では人間を大事にしなければならないと思います。

人と人とのネットワーク。どんなにＩＴが発達しても、これに勝る情報源はないのです。

情報社会だからこそ、人間を個別的に理解することが大事です。部下の意見に耳を傾け、その長所と短所を見極めて長所を伸ばし、その長所を結び付けたネットワークをがっちりと構築する。

その土台がしっかりできていれば、情報に振り回されるのではなく、情報を生かして使うことができます。

このことが情報化時代のリーダーシップになるでしょう。

米GE社前会長ジャック・ウェルチの言葉には耳を傾けるべきものがあります。

「人が第一、戦略は二の次と心得ること。仕事でもっとも重要なことは適材適所の人事であって、優れた人材を得なければ、どんなにいい戦略も実現できない」

第四章　人生をつくる

22　人とのつながり

「縁尋機妙、多逢勝因」

評論家の唐津一さんは電電公社から松下電器というキャリアを踏まれ、その後、大学で教鞭をとるようになったという経歴です。

やはり、その深い研究と活きた経験がものを言っているのでしょう。技術を通して日本を照射する視点はとても新鮮で、唐津さんの著作から私は大きな刺激を受け、影響を受けてきました。

唐津さんとは松下政経塾の準備段階で知己を得ました。

会えば議論をぶつけ合い、エキサイティングな一時を過ごすことができました。

そういう付き合いが十年ほど続きました。

そのときはどういうはずみだったのか、話がたまたま家族のことに及びました。そして、びっくりするようなことが分かったのです。

私が東京銀行に就職して神戸支店に配属になり、社会人としての第一歩を踏み出したことは先に触れました。

そのとき、支店長の木村喜八郎さんに大変お世話になり、社会人としての基礎を教え込まれたことも述べました。

安酒は飲むな、と教えられたこともさることながら、

「つぶれるほど飲んだときは、二日酔いだろうとなんだろうと、絶対に遅刻してはならん。這ってでも八時までに出てこい」

と言われたことなども忘れられません。

唐津さんと話していてびっくりするようなことが分かったというのは、ほかでもありません、唐津さんの奥さんが木村喜八郎さんのお嬢さんだったのです。

そのことを知らずに十年も付き合ってきたのもおかしかったが、めぐる縁に不思議な気持ちになったものでした。

もっとも、関係のない人には、なんだ、そんなことか、それがどうした、といったものでしょう。

しかし、縁の不思議、縁の妙味を感じると、明らかに人間関係が変わってきます。唐津さんにそれまでにない身内のような親しみを覚え、交わりが深くなったような気がします。

「縁尋機妙《えんじんきみょう》、多逢勝因《たほうしょういん》」

『地蔵本願経』の言葉です。

縁が縁を呼ぶ。そのさまは何とも誠に妙なものがある。これが「縁尋機妙」の意味です。

人間は孤独では生きられません。

ロビンソン・クルーソーは無人島に漂着しました。だが、彼は決して孤独ではありませんでした。フライデーという従者がいたのです。だから、ロビンソン・クルーソーは無人島で生き抜くことができたのです。

人間は孤独では生きられないということは、人間は人との縁を結ぶことによって生き生きと人生を生きることができる、ということです。

実際、自分のこれまでを振り返ってみても、人との出会い、縁によって私の人生はつくられてきたという思いを深くします。

多くの人と出会いたいものです。その出会いを大切にして、多くの縁を結びたいものです。

『地蔵本願経』の言葉は「縁尋機妙」から「多逢勝因」と続きます。多くの人と出会い、交わることがいい結果につながる、という意味です。

もっとも、多くの人と出会い、交わるとはいっても、だれでもいいというわけではありません。いい人、優れた人と出会い、交わらなければ、いい結果にはなりません。

優れた人との出会いは、その人に少しでも近づきたいというエネルギーになり、その人を乗り越えようとする努力になります。それがいい結果につながるのです。

自分よりお粗末な人を見て安心し、自分のほうがましだ、自分はこれでいいのだと満足してしまっては、いい結果になるはずがありません。

優れた人に出会うには、出会いを求めなければなりません。待っていては優れた人との出会いは難しいでしょう。

「会う人皆師」です。実は、すべての人は必ず優れたものを持っています。もちろん、欠陥もあります。その欠陥を見て批判をして魔女狩りをするより、その人の長所を見て学ぶ、宝探しの人生です。

そのとき、『地蔵本願経』の言葉が実感できる人生になるでしょう。

23　夢の見方

「鍬を持って耕しながら夢を見る人になろう」

三十年ほど前にソニーの厚木工場を見学したことがあります。創始者の井深大さんがまだ第一線で活躍されていたころです。

何よりも私の目をとらえたのは、工場に掲げられたスローガンでした。工場にスローガンを掲げるのは、どこでもやっていることです。私の目を奪ったのはその中身です。中身の素晴らしさに私は感動したのです。

「鍬《くわ》を持って耕しながら夢を見る人になろう」

これがスローガンの言葉でした。

人間は鍬を持って耕すと、ともすれば耕すことだけにとらわれがちです。

わが身を振り返っても大いに思い当たるのですが、経営者はことにそうではないでしょうか。耕して、そこから得る収穫に一所懸命になってしまう。

ところが、耕すことに熱中していると、やがていくら努力しても収穫が増えない状態に遭遇します。増えないどころか、じり貧に陥ってきます。

夢がなければ発展しません。耕す努力だけでなく、夢を実現する努力がないと、物事は必ず行き詰まるのです。

ところが、夢を見るとなると、もっぱら夢を見ることにかまけてしまいがちになるのも人間です。夢から夢を追いかける具合になって、単なる夢想に陥ってしまう傾向があります。

耕しながら、夢を見ることが大事なのです。耕す努力を続けていれば、夢はどうしても地に足がついたものになります。

それだけ実現の可能性も高まるというものです。

24　生き方の秘訣

「随処に主となる」

私の父、牛尾健治は祖父の後を継いで若くして経営の第一線に立ちました。八面六臂の活躍でした。

経営的な能力もあったのだと思います。銀行の頭取や電力会社の社長を務め、業績を上げました。さらに終戦頃には経済同友会の設立にも参画しました。経済同友会では幹事を務めました。その活躍ぶりはまさに隆盛の勢いでした。

ところが、戦後は一変しました。五十歳の若さで進駐軍から公職追放の対象者に指名され、すべての職を解かれて追放の身となったのです。

それまでの活躍が華々しかっただけに、父の落胆ぶりは大変なものがありました。誰がどんな励ましや慰めの言葉をかけても、耳に入らないふうです。

子どもの私にも、父の影がだんだん薄くなって、このまま消えてしまうのではないかと危ぶむ気持ちがふくらんだほどです。

そんな父を心配し、励ましてくださったのが、当時父と親交が深かった安岡正篤先生です。一通のお手紙をくださいました。

その中にあった一句が父を支え、立ち直らせたのです。


「随処に主となる」

父をとらえたのはこの言葉でした。

どんな境遇に陥ろうと、どんな立場に立たされようと、自分の人生の主人公は自分なのである。どんな場所であっても自分を見失うことなく、自分が自分の主であるような生き方をしなければならない。そういう意味です。

「随処に主となる」。この言葉に父がどんなに感じ入ったかは、計り知れないものがあります。

この言葉に励まされて、父は次第に元気を取り戻しました。

最初、私が安岡先生に反発していたことは前に述べました。

それと同じように、私は経済の世界で活躍する父にも反発していました。

反発の理由は取り立てて言うほどのものではありません。何となく安岡先生などと横並びでとらえて、感覚的に反発していたのです。

ところが、不思議なものです。経営者として絶頂期にあったころの父よりも、追放後の父に私は好感を覚えるようになったのです。

追放に打ちひしがれ、意気消沈してしまった父。安岡先生が示してくださった言葉をビシッととらえて立ち直った父。そういう父の姿に人間味を感じ、親しみを覚えたのでしょう。

また、父を立ち直らせるような言葉を示した安岡先生に、それまで反発していたのに一転、私淑することになった契機にもなりました。

私は旧制高校は京都、大学は東京で、早くから神戸の実家を離れましたから、それからは父と会う機会はめっきり減っていました。顔を合わせても交わす言葉は短いものでした。疎遠になりかかっていたと言っていいでしょう。

だが、父との関係が変わったのです。父が頻繁に手紙をくれるようになり、私もまた返事を書くのが楽しみになりました。父と私の間には一種親友のような雰囲気さえ生まれてきました。

手紙のやりとりを通して、父からは多大の影響を受けました。父が五十九歳で亡くなり、私が事業を引き継ぐことになったとき、よし、経営者として生きていこう、と決心できたのも、父との手紙のやりとりが土台になっていたからでした。

父との関係を振り返ると、人生だなあ、と思わずにはいられません。「随処に主となる」。私もまた父のように生きたいと願っているのです。

25　存在感について

「北辰居其所、而衆星共之」

作家の井上靖さんには、生前ご縁があって、大変親しくさせていただきました。

井上さんは昭和二十四年、四十二歳のときに『猟銃』を発表されて創作活動に入り、翌年『闘牛』で芥川賞を受賞されて文壇に大きな地歩を築かれたのでした。

私はそのデビュー作の『猟銃』を発表と同時に読んだのですが、あのときの新鮮な感動はいまでも忘れられません。華麗な文体が魅力で、この人は作家として大きな存在になると予感させるものがありました。

以来、私は井上さんのファンで、その全作品を読んでいました。

私にとってそういう存在である井上さんとご縁があり、個人的に昵懇《じっこん》なお付き合いをさせていただくことができたのは、大変な幸運であり、同時に嬉しいことでもありました。

特に用事がなくても井上さんをお訪ねし、あれこれとおしゃべりするのは、私の楽しみでした。

何をおしゃべりしていたのかというと、とりとめもないことばかりでした。

私も若いころは文学青年でしたから、文学論もどきのことを話し合うこともありましたが、大半は他愛がないと言えば他愛がないことでした。

だが、その合間に井上さんがふっと漏らされる感想や感慨が人生の姿を鋭く浮き彫りにしていて、いろいろと学ぶことも多かったのです。

ところで、私が故・大平正芳元首相とも昵懇に願っていたことは、先に述べました。

たまたま井上さんとお会いする機会がありました。

井上さんも大平さんが素晴らしい文人政治家であることはよくご存知で、高く評価されていて、ふとテーブルの上のコースターを取ると、すらすらと文字をしたためられました。そして、

「この言葉をぜひ大平さんに渡してください」

そう言われるのです。コースターには、『論語』の言葉が書かれていました。

「北辰居其所、而衆星共之」

「北辰《ほくしん》その所に居て、衆星これに共（むか）う」と読みます。

北辰とは北極星のことです。北極星は常に天の同じ位置にいて動かず、明るく輝いていています。天に散らばるたくさんの星は北極星を中心に整然と天体をめぐっています。

井上さんはこう言われました。

「総理大臣である大平さんや会社の社長である牛尾さんは、北辰です。そういう立場の人が何事にも動じず、常に確固たる指針を示しておれば、国や会社は安泰です。自信を持ってどっしりと構えておれば、心配はありません。そもそもリーダーというのは、北辰のように毅然として徳をもってそこに存在しているということが、国民や部下に対する重要な役割なのですから」

その言葉は耳に焼きつきました。これはぜひ大平さんにお伝えしなければ、と思いました。

ところがその後、二か月ほどの間いろいろと用事があって大平さんにお会いする機会がないままに打ち過ぎ、井上さんからいただいた言葉をお伝えできないでいました。

そのうちに海外での仕事が入り、大平さんにお会いするのは帰国してからと思いながら、日本を発ちました。そして、その出張先で大平さんの訃報に接することになったのです。

井上さんから託された言葉は永遠に大平さんに渡せずじまいとなってしまったのです。慙愧《ざんき》の念を禁じ得ません。

井上さんにいただいた言葉は私に課された宿題だと受け止めています。

しかし、リーダーも人間です。ことに私のような人間は悩みますし、動揺しますし、迷います。なかなか北辰のような具合にはいきません。けれども、リーダーはそこにいるというだけでみんなが安心する存在感を備えるのが重要な役割である、という井上さんの言葉は身に沁みています。

確かにリーダーが方向性が定まらなくてフラフラしているようでは、組織が安心して足並みを揃えることなどできません。

私はたびたび迷います。そのたびに、リーダーがこれではいけないと自分を叱責するのが習慣のようになりました。

内心の迷いは誰にも悟られぬように押し隠し、表面は泰然自若と構えるように努めました。

そして、どうしたら北辰のようなどっしりとした存在感を備えることができるのかを常に考え続けました。

この習慣、努力、考えは、私にとって非常に良かったと思います。

私はいまだに北辰の如き存在感には程遠いものがあります。しかし、もし何程かの存在感を持ち得たとしたら、それは井上さんからいただき、大平さんに渡し損ねた言葉を常に意識し、それなりに努力してきた賜物にほかなりません。

感謝しています。

26　学び続ける

**「少にして学べば壮にして為すことあり
壮にして学べば老いて衰えず
老にして学べば死して朽ちず」**

安岡正篤先生を囲む勉強会「而学会《じがく》」を評論家の伊藤肇さんなどと共に昭和四十七年に立ち上げたことは、前に触れました。

『而学』は江戸時代の儒者・佐藤一斎の『言志四録』の言葉に由来しています。

「少而学。則壮而有為。
壮而学。則老而不衰。

老而学。則死而不朽」

言葉の意味は解説するまでもないでしょう。読んで字の如し、です。学は一生の大事である。学び続けることが人生を全うすることである。そのことを鋭く説いている言葉です。

この言葉は書き下し文では「～して学べば～」というところを「而学」（ジガク）と書きます。それを会の名称にしたのでした。

というのは、安岡先生がこの言葉が大好きだったからです。「人間は学び続けなければならない。学ぶことをやめたら、人間でなくなる」

よくそんなふうに言われていたものです。

学び続けることを人に説くだけではありません。安岡先生ご自身が終生学ぶことをやめない人でした。

安岡先生の講義をうかがうと、誰もがその博識に圧倒されたと思います。桁違いとも言える知識の厚みに、私などはほとほと感心するほかはありませんでした。

私から見れば、安岡先生の学問は完成の域に達しているように思われました。これ以上何を学ぶことがあるのか、という感じを抱かせたほどです。

だが、安岡先生の真理に対する探究心は飽くことを知りませんでした。学ぶことをやめようとはしませんでした。

而学会に限らず、安岡先生を囲む勉強会では、先生の講義のあとに必ず質問の時間がありました。

会によっては、宴席に移って一献酌み交わしながら、論談風発となることもありました。

私はよく質問を浴びせました。質問をすることにかけては、私が旗頭だったかもしれません。中には噴飯物の質問もあったかもしれません。だが、どのような場であれ、どのような種類の質問であれ、安岡先生は決して疎かにはしませんでした。一つひとつに丁寧に答えを与えられるのです。

同時に、安岡先生は決して生半可な知識や当て推量で答えることはありませんでした。うろ覚えのことやはっきりしないことは、必ず「調べてみます。あとで答えましょう」と言われ、回答を保留されたものです。そして、どんな質問にも膨大な資料を当たってきちんと調べ、次の機会に明快に答えられるのです。

あれは安岡先生が学問をこよなく愛し、愛する学問に徹底した誠実を尽くされた現れだな、といまさらのように思います。

安岡先生の人生を改めて思うと、学は一生の大事と説いた佐藤一斎の『言志四録』の言葉そのものの生涯を生きられたのだなと思います。いま、安岡先生は「死して朽ちず」の存在になっていることが、そのことを如実に示しています。

「学びて思わざれば罔し」。先生から教えられたこの言葉も心に刻み、私もせめて安岡先生の影の縁をかするぐらいのところまでは行く人生にしたいなと思っています。

27　いまが出発点

「成功は常に苦心の日に在り。敗事は多く得意の時に因ることを覚えるべし」

日本の経済はいま、停滞の底に沈んでいます。この停滞を突破するには難問が山積していて、なかなか出口を見出しかねているのが率直な現状です。

どの業界もそれぞれの分野で難問に取り組み、克服しようと懸命になっています。かすかな燭光《しょっこう》を見出している業界もなくはありません。

しかし、決定的な解決策には至っていません。それは経済活動の根本のところ、金融の分野に大きな障害が横たわっていて、なかなかこれを乗り越えることができないでいるからです。

経済活動の基盤である金融の分野がすっかりガタついてしまっている。これをクリアしない限り、日本の経済が軌道に乗ることは不可能と言っていいでしょう。

中国の古典『菜根譚』をめくっていたら、一つの言葉に出合いました。その言葉はギクッとするほど、私の胸を刺してきました。

「成功は常に苦心の日に在り。敗事は多く得意の時に因《よ》ることを覚えるべし」

この言葉の意は明らかです。

そして、この言葉の中身は特に目新しいものではありません。表現は違っても同じ意味のことは、いろいろな機会にさまざまな形で言われ、私たちもよく知っていて、また心得てもいます。

にもかかわらず、この平凡とも言える言葉に私がギクッとしたのは、日本の現状をこの言葉が鋭く指摘していることを、改めて感じたからです。この言葉の中身を私たちは承知しているつもりになっていただけだったのです。心得ているつもりになっていただけだったのです。

言葉は上滑りして、すっかり形骸化してしまっていたのでした。

一九八〇年代から九〇年代初めにかけてのバブル期が思い返されます。

日本は「ジャパン・アズ・ナンバーワン」と言われました。「もはや欧米に学ぶべきものはない」という声も聞かれました。私たちはすっかりその気になってしまいました。

海外の不動産を次々と買いあさり、何だか世界中を征服したような気持ちになったものでした。

あのころ、海外に出張すると、至る所に日本人の姿が見られたものです。その振る舞いは傍若無人そのものでした。そこにあるのは繁栄に酔った驕りであり高ぶりであったと思わないわけにはいきません。

そして、その結果が現在です。

まさに「敗事は多く得意の時に因」っていたのです。

しかし、『菜根譚』の言葉をもう一度新鮮な気持ちで読み返すと、勇気を覚えるのは私だけではないでしょう。

「成功は常に苦心の日に在り」と『菜根譚』は言っています。

いまは苦心のどん底です。ということは、新しい成功の始まりに私たちはいるということです。

いま「苦心の日に在」って、大いに苦心しようではありませんか。

それでもいまを苦しむ勇気が出てこないのだとしたら、「得意の時」に人間性の性根をふやけさせてしまったということなのでしょう。敗事に埋もれてしまうほかはありません。

私はそのような人生を生きたくありません。

いまが成功への出発点。そう心得て、自分にできる限りのことをやっていく。そう思っています。

28　リーダーの姿勢

「孤に徹し、衆と和す」

二十一世紀に入ってはや三年、社会の情勢も二十世紀とはかなり異なる様相を呈してきました。特に感じるのが、グローバリゼーションの本格化です。世界の一体感がますます高まってきています。

私はいま、日本の科学技術政策にも携わっています。

そこで柱になっているのは次の四つです。

ＩＴ（インフォメーション・テクノロジー＝情報技術）

ＢＴ（バイオ・テクノロジー＝生命工学）
ＮＴ（ナノ・テクノロジー＝超微細制御技術）
ＥＴ（エコ・テクノロジー＝環境技術）

その技術が目指すレベルは世界水準です。世界に通用するものでなくてはなりません。

なぜなら、二十一世紀は世界水準がすべての基軸になる時代だからです。

それは、たとえばスポーツの世界を見れば明らかです。いま人気を博しているスポーツは世界水準に達している競技ばかりです。

イチローや松井のメジャーリーグでの活躍によって、野球人気は盛り上がっています。ワールドカップの予選突破でサッカー熱は高まりました。

逆に、国際大会で日本選手が上位に食い込めないような競技は、残念ながら国民からあまり注目されません。

そういう時代になっているのです。

二十世紀後半は、アメリカ並みの豊かな生活、イギリス並みの民主主義といった具合に、一つの国をモデルにして、それに追いつくべく努力を続けてきました。

しかし、二十一世紀に入ったいまは、それでは駄目なのです。世界水準という高い場所に目指すべきモデルが移ってしまったのです。

世界水準を目指すには、どういう人材が求められるのか。

一つの分野についてより高い専門性を有する。これはもちろんのことです。だが、それと同時に、それぞれの専門分野を結びつけて総合化し、一般大衆のニーズへ橋渡しする人材が求められます。

このような高度な営為には、これまで以上に己を磨き、身を修めることが重要になってくる、ということです。

日本には優れた人物がたくさんいますが、惜しむらくはその多くが、しかるべき影響力のある地位に就いていないということです。

『宋名臣言行録』にこんな一節があります。

小人と君子が争えば、小人が勝つことが多い、というのです。なぜなら、君子は争うことに空しさを感じ、山に隠れてしまうからだ、というわけです。だから、争わずして君子をその地位に就けることが、太宗の最も重要な仕事である、と説いているのです。

優れた人物はいるが、しかるべき影響力のある地位に就いていないという現状。これはいまの競争社会がネックになっているのではないか、と思います。

商品やサービスの質を向上させるには、一定のルールの下で競争することは大変有効です。だが、果たして優れた人物を競争によって選べるか。私ははなはだ疑問だと思わずにはいられません。

二十一世紀の日本は、君子を見出し、しかるべき地位に就けるための新しい社会システムづくりが重要な課題になると考えています。

では、世界水準を目指すためのリーダーとなる人物には、どのような心がけが求められるでしょうか。

以前、外務大臣を務めておられた安倍晋太郎さんから、元総理の岸信介さんが、「和して流れず」という言葉を好んで用いておられたという話を伺ったことがあります。

これは中国古典の『中庸』にある「君子は和して流《りゅう》せず、強なるかな矯《きょう》たり。中立して倚《よ》らず、強なるかな矯たり」に由来する言葉です。『論語』にある「和して同ぜず」（君子は和して同ぜず、小人は同じて和せず）に似ています。両方とも同じことを言っていると思っていいでしょう。

「和」とは、自分の主体性を堅持しながら他と協調することです。「同」とは付和雷同のことです。

和した人は、一つひとつのケースでは同じていないつもりでも、往々にして大きな時代のうねりの中で流されてしまっているものです。特に日本の社会はその傾向が強いと言えるでしょう。

それだけにリーダーたるもの、常に「和して流れず」の心がけで事に当たらなければならないと、岸さんは己を戒めていたのでしょう。

岸さんが戦前戦後の激動期を生き抜き、周囲に荒れる逆風の中で敢然として日米安保条約の改正を断行されたのは、まさに「和して流れず」の信条に基づくものだったとうなずくことができます。

これと似た言葉を私は大平正芳さんからいただいています。

「孤に徹し、衆と和す」

リーダーは確固たる信念を持ち、決断に際しては一人で徹底的に考え抜かなければなりません。しかし同時に、国民と和す心を持たなければ、民主主義のリーダーは務まりません。それが大平さんの信念でした。

確かにご自身も、孤に徹して厳しい立場に自らを追い込む一方、常に春風を以て人に接し、周囲との和を保つことに心を砕いておられました。

一見、正反対のことをなさなければならないリーダーの厳しい立場は、私にも非常によく理解できました。私は常にこの言葉を胸に刻んで歩み続けてきました。

いま、時代は二十一世紀です。常に世界水準が求められる時代なのです。

どのような分野であれ、どのような部署であれ、どのような場であれ、リーダーたる人物は高い専門性と同時に、「孤に徹し、衆と和す」心がけがなければ、世界水準に達することはできないでしょう。

そういう人材が切に求められます。

これからの私にできることは、そういう人材を見つけ出し、その力が発揮できるような場をつくっていくことではないかと考えています。

29　成熟について

「忙中閑有り　苦中楽有り　死中活有り　壺中天有り
意中人有り　腹中書有り」

安岡正篤先生には多くの書をいただきました。それらは事をなすときの心がけであったり、人生において味わう心境であったり、到達すべき境地であったりです。いずれも心にしみるものばかりです。

中でも、安岡先生がお好きだったのでしょう、揮毫《きごう》を頼まれたりすると、よく筆にされる言葉がありました。

たとえば、清の曾国藩《そうこくはん》の『四耐四不《したいしふ》』です。

耐冷耐苦耐煩耐閑

不激不躁不競不随
以成事

「冷に耐え、苦に耐え、煩《はん》に耐え、閑に耐え、激せず、躁《さわ》がず、競わず、随わず、以て事を成すべし」

書き下し文はこうなります。意は解説するまでもないでしょう。

私は困難にぶつかったとき、この『四耐四不』の一つひとつをよく自分に言い聞かせたものです。

また、明の崔後渠《さいこうきょ》の『六然《りくぜん》』も安岡先生が好んで書にされた言葉です。

自処超然
処人藹然《あいぜん》
有事斬然《ざんぜん》

無事澄然
得意澹然《たんぜん》
失意泰然

前の二つは書き下せば、「自ら處（処）すること超然」「人に處（処）すること藹然」で、後の四つは頭からそのまま音読みすれば、意味は通じます。

強いて解釈すれば、次のようになりましょう。

「事に臨んでは自分に関する問題には一切とらわれない。人に対してはいつもなごやかでいる。何か事があれば活気に満ちてきびきびと処理する。事がなければ水のように澄みきっている。得意のときはあっさりしている。失意のときにはばたばたしないでゆったりとしている」

この『六然』は自分の状態を確かめるのに役立ちました。もっとも、確かめてみていつも思うのは、「まだまだ」であったり、「とてもとても」であったりばかりでしたが。

この『四耐四不』と『六然』は、分かったと言えば、また安岡先生に「そう簡単に分かってしまっては困る」と叱られそうですが、釈然と腹の中に収まる感じがあります。

だが、安岡先生がよく書にされたもので、分かったつもりなのですが、もう一つ、すっきりと呑み込めないものがありました。

それは安岡先生ご自身の言葉である『六中観《りくちゅうかん》』です。

忙中有閑　忙中閑有り

苦中有楽　苦中楽有り

死中有活　死中活有り

壺中《こちゅう》有天　壺中天有り
意中有人　意中人有り
腹中有書　腹中書有り

この中で前の三つは、経営者として、また公的な場で、盛んに活動する中で、分かったというのか、実感としてつかむことができました。

しかし、後の三つは解釈としては分かっても、何かもう一つ、実感が薄いのです。どういうことなのだろう、と常にもやもやしたものがつきまとっていました。

だが最近、この三つがすっきりと霧が晴れる感じで、すとんと腑に落ちてきたのです。実感として分かったのです。

父がばりばりと活躍していた時分、私は経営者にだけはなるまいと思っていました。自分は経営者には向いていないという直観的な自覚があったからです。

ところが、物の見事に経営者になってしまいました。経営者になってしまった以上、逃げることはできません。私は懸命に経営に打ち込みました。心底一所懸命であったことは、掛け値なしに断言することができます。

しかし、経営者にだけはなるまいと思った直観的な自覚、それが消えてしまったわけではありませんでした。その自覚は自分の本質的主体につながっているものでもありました。だから、経営に専心する中で、自分の主体性が損なわれてしまうのではないかという気持ちも一方にはありました。

だから、私はどんなに多忙であっても、一日に三時間は自分の時間を確保するように努めました。自分の空間をつくって、そこで自分を回復するようにしたのです。

それが芝居であり、文学であり、ダイビングでありであったわけです。

そういう自分の時間を積み重ねてきて、最近になって分かったのです。感じられるようになったのです。これが「壺中《こちゅう》」ということなのだな、と。

自分の空間をつくって自分の時間を過ごす。そういうことをやってきています、私は仕事関係以外にも、さまざまな分野の友人に恵まれています。自分の主体的価値観に立って、社会的地位に関係なくこれは凄《すご》いと思える人とのつながりができています。

われながら、私は多様な人間関係に囲まれていると思います。このヒューマンネットワーク、これこそ「壺中」に生きて、広々とした天を有していることなのだ、と思います。

「壺中天有り」。まさにいまの実感です。

「意中人有り」とは、常に心の中に私淑する偉人を持つこと、要路に推薦し得る人材を持つことだと教わりました。

私淑する人物は安岡先生をはじめ、数多く意中にありました。しかし、要路に推薦し得る人材を持つというのが、実感としてもう一つはっきりしませんでした。

いま私はさまざまな分野に優れた人材を見つけ出し、その人材が持っている能力を発揮できるしかるべきポジションに就けるように手助けしています。それができたときの喜びに生き甲斐を感じています。

その喜びの中に、「意中人有り」とはこれだな、と実感したのでした。

何か事をなすときに、自分の考えをしっかりと持たなければならないのは、当然のことです。「腹中書有り」の「書」とはその考えのことであり、哲学のことであり、信念のことです。また、これがなければ、事に当たることはできません。

私は一つひとつの事柄に向かい合うとき、まず自分の考えをしっかり固めるように心がけてきました。また、事をなすことによって自分の考えがはっきりしてくるということもありました。

こういうことを積み重ねて、いま、自分の歩みを振り返ってみると、そこに一筋の明確な哲学、信念といったものが描けるように思います。これが「腹中書有り」ということなのだな、と感じるのです。

『六中観』が実感として分かるためには、ある歳月が必要なようです。私も七十の坂を越えて、それだけの歳月を生きてきたということでしょう。

『六中観』が全部腑に落ちて、最近の私は何かほのぼのとした明るみの中に入ったように感じています。

「暁」という字は「さとる」と読みます。「悟った」とは言わないけれど、いささかのことは分かったという感じが、「暁」を「さとる」と読ませる意味であり、私が感じている明るみは、夜明けを迎えて、これからまったく新しい世界が始まるような予感を覚えています。楽しさがふくらんできます。

これを成熟というのなら、私もそれなりに成熟したのかな、という気がしています。

30　絶えざるチャレンジ

「年五十にして四十九年の非を知る。六十にして化す」

作家の故・井上靖さんと昵懇の間柄だったことは述べたとおりですが、井上さんには本当にいろいろのことを教わり、刺激を受けました。

あれは井上さんが七十歳になられたころだったと思います。

「井上先生はいま、『猟銃』をどう思われますか」

そう質問してみたのです。

『猟銃』は井上さんの文壇へのデビュー作であり、私はそもそもその華麗な文体に魅せられてファンになったのでした。

井上さんの答えはこうでした。

「あの文章は金魚の尾ひれみたいに無駄が多いですね。いまあれを書くとしたら、尾ひれを全部削ってしまうでしょう。そもそもああいうものはあの時期だから書けたので、いまでは書けませんね」

そこに私が魅力を感じた華麗な文体。それを井上さんは金魚の尾ひれと感じ、すらりと切り捨ててしまわれた。そこに私は井上さんが常に成長し、変化し続けてこられた絶ゆまぬ歩みを感じて、深く打たれたことでした。

井上さんに『化石』という小説があります。がんノイローゼの男を主人公にしたもので、井上さん六十歳ごろの作品です。

あとで知ったのですが、そのころ井上さん自身が、自分はがんではないかという不安にさいなまれていたそうです。

その不安定な心を何とか静めたいと、井上さんは大いに苦しまれました。そんなときに親鸞を知り、心の拠り所を求めるように井上さんの関心は親鸞に向かっていきました。

井上さんは作家です。関心が高まれば、小説にしたいと思います。親鸞についての万巻の書を読みあさり、資料を集めて調べ尽くしました。そして、がんが疑われ、死に直面している自分のすべてを投影して、親鸞を小説に書こうと決心しました。

ちょうどそのときです。井上さんががんでないことが判明したのです。するとどうでしょう。親鸞への関心が急速に薄れてしまったそうです。死に直面する緊迫感がなければ、とても親鸞は書けないと、小説にすることを断念したのでした。

井上さんはこんなふうに心境を吐露されました。

「今度がんを告知されたら、必ず親鸞を書こうと思うのです。書けると思います。そう思うと死を告知されることが怖くなくなりました。むしろ楽しみのようにさえ感じられるようになりました」

そのころ、井上さんは大作家の地位を占めていました。文壇における評価は動かないものになっていました。

普通なら大家然として、何もかも分かりきった顔をして、獲得した地位に悠然と収まっていていいはずです。

だが、井上さんは一人の弱い人間として自分の生や死と真正面から向かい合い、怯えたり悩んだり苦しんだりして、そのことを隠そうとしません。そして、その中から新しい小説を生み出そうと格闘されています。

これが作家魂というものなのだな、と思ったことでした。この作家魂があるから、井上さんは変わり続けるのだな、と感じました。

井上さんは変わることが生きていることなのだ、変わり続けることが人生なのだ、変わらなくなって一か所に留まるようになったら、人生が終わったということだ、と考えておられたのかもしれません。

もう二十年ほど前のことになります。井上さんは七十歳くらいだったと思います。

「牛尾さん、いくつになりましたか」

突然そう聞かれました。

「四十五になります」

「ああ、そうですか。それじゃ、あと三回はやれますね」

「えっ？」

三回やれるとはどういうことなのか。

「これまでとまったく違った新しい人生というのは、十五年ぐらいかけてチャレンジすると、かなり達成できるものなんですよ。年を取るとそれなりに利口になるから、それが十年ぐらいに収まるようになります。牛尾さんはいま四十五なら、六十歳までと、六十歳から七十歳ぐらいまでと、七十歳から八十歳ぐらいまでと、三回チャンスがあります。私はあと二回ぐらいだと思っています」

そう語った次の週に、井上さんはＮＨＫの『シルクロード』の現地取材班に加わり、砂漠の地へと旅立って行かれました。

東西文化の交流が人間にどのような影響を与えたかをテーマに取り組む。それが井上さんの残された二回のチャンスのうちの第一回の人生だったというわけです。

常により良き生き方を求めて人生にチャレンジし続ける。井上さんの気概に打たれた感銘は、いまでも忘れることができません。

井上さんを思うと、中国春秋時代の衛の大夫・蘧伯玉《きょはくぎょく》の言葉が思い浮かびます。彼はこんな言葉を残しています。

「年五十にして四十九年の非を知る。六十にして化す」

伯玉は五十歳になったとき、これまでの四十九年間の自分の人生を振り返ってみました。すると、いろいろな点で過ちが多かったことを悟りました。

そこで自分を厳しく反省し、年々徳行を重ねて非を克服するように努めました。すると、六十歳になったとき、自分の人間性が大きな変革を遂げていたというのです。

伯玉の人生の歩みはそれで終わりにはなりません。六十歳になったときもそれまでの人生を振り返りました。そして、まだまだ非が改まっていないし、ほかにも多くの非があることを知ったのです。

彼は厳しく反省し、さらに徳行を積んで非の克服に努めたといいます。

人間はある程度の年齢になると、だいたい自分の限界が見えてきたような気分になり、まあ、自分の人生はこういうものなのだと達観と諦観をない交ぜにして容認してしまい、そこに安住してしまいがちです。

だが、いくつになっても自分の過去を否定し、もう一段の高みに達した人生を生きようと、新たなチャレンジに向かうことができるのです。

井上靖さんや蘧伯玉の人生が、そのことを教えてくれます。

私も及ばずながら、と思わないわけにはいきません。

あとがき

安岡正篤先生とは、昭和十年ごろ、安岡先生が姫路の第十師団の幹部の勉強会に出席されたときに、祖父梅吉の家に宿泊されるようになってからのご縁である。父健治、そして子の私を含めて三代のお付き合いになる。

父健治は、五十歳前の少壮実業家の時に追放令に遭い、傷心した時に「随所に主となる」という先生の一言で立ち直り、文人としての余生を全うすることになる。

戦後のアメリカ文明に憧れを持っていた私は、安岡先生の古典主義的なにおいに抵抗を感じて、三高、東大時代を通じて、なんとなく出会いを避けていた。

しかし、父から「安岡先生の所へ就職の相談に行ってきなさい」と言われて本郷白山のご自宅に伺った。

先生は私の抱負を聞きながら、「治朗さん、to do good を考える前に、to be good を目指しなさい」と諭された。「『霧の中を歩めば覚えざるに衣湿る』と道元の言葉にもあるように、常に自分よりも優れた人に接し、学ぶ事が大事だ。優れた人材が豊かな職場を選びなさい」という助言は、二十一歳の私の心に刻まれた。後日教えられた「縁尋機妙、多逢勝因」という言葉とともに、常に人の優れた面を認めて学ぶという教訓はいまも続いている。

東京銀行に入社して神戸支店勤務になったとき、当時の木村喜八郎支店長の秘書になって、公私ともに教えを受けたが、「安酒は飲むな、いい酒を飲め」という心意気も人生の実学を通じての教訓になった。その後、今日まで、人縁に恵まれ、常に節目、節目で優れた先輩と友人にめぐりあった。

振り返ると、齢七十歳を過ぎてしまったので、次の世代の方の節目、節目で少しでもお役に立つ生き方をしなければならないと思っている。特にわれわれの世代は、戦後の社会主義や実存主義に傾注して抽象的な枝葉末節な流れになっている。安岡先生の活学とも言われる東洋哲学との出会いが自分の道標となり、今まで曲がりくねりながらも一筋の道を歩み続けることができた。

致知出版社藤尾社長に勧められて、先生に教えられた数多くの言葉を月刊誌『致知』の「巻頭の言葉」に掲載させていただいていたが、この度、それを創刊二十五周年に書き下ろしとして致知出版社で纏めていただいたのがこの本である。遥かに読み易くなっている。

日常の訓示めいた話になっているけれども、私なりに心に刻んだその時折の共感を、少しでもこれから活躍する人達の参考になればと思って、浅学非才を省みず、この本を出すことにした。この機会を与えていただいた藤尾社長をはじめ編集主筆の泉巌さん、致知出版社の皆さんへ心から感謝をしたい。

平成十五年八月

牛尾　治朗

〈著者略歴〉

牛尾治朗（うしお・じろう）

昭和6年兵庫県生まれ。28年東京大学法学部卒業、東京銀行入社。31年カリフォルニア大学院政治学留学修了。39年ウシオ電機設立、社長に就任。54年会長、現在に至る。この間、44年日本青年会議所第18代会頭に就任。平成7年経済同友会代表幹事、11年同特別顧問（終身幹事）就任。12年 DDI（現 KDDI）会長就任。13年内閣府経済財政諮問会議議員。15年（財）社会経済生産性本部会長。他に（財）舞台芸術センター理事長、極端紫外線露光システム技術開発機構（EUVA）理事長、（財）ウシオ育英文化財団理事長等を務める。著書に『若き旗手たちの行動原理』（PHP 出版）『男たちの詩』（致知出版社）などがある。

わが人生に刻む30の言葉

平成十五年九月五日第一刷発行
平成二十八年九月二十五日第七刷発行

著　者　牛尾　治朗

発行者　藤尾　秀昭
発行所　致知出版社
〒107-0062東京都港区南青山六の一の二十三
TEL（〇三）三四〇九―五六三二
印刷　㈱ディグ　製本　難波製本
落丁・乱丁はお取替え致します。　（検印廃止）

ISBN978-4-88474-661-2 C0095
ホームページ　http://www.chichi-book.com
Eメール　books@chichi.co.jp